做個不麻煩的老人

梁瓊白——著

CONTENTS 目次

CHAPTER 2

倆人過日子

CHAPTER 3

一定要做的財務規畫

CHAPTER 4

做好自我安排

CHAPTER 5

瀟灑走一回

作者序

就這樣優雅老去

我第一次覺得自己不年輕而感到震撼的時間，是在燙髮師傅發現我有白頭髮，問我要不要染的時候，雖然我家有少年白的遺傳，兄弟姊妹大約四十歲左右就開始漸漸出現白髮了，而我那時還不到四十歲呢，不過隨著年齡的增加，白頭髮慢慢越長越多，剛開始還不是全白而是參差在黑髮中的花白，只是相較於現在的年齡，其實那時候還算是年輕的。

可是，只要進入年齡的某個切入點之後，就不知不覺朝著老字邁進了，從第一次染髮的不習慣，到現在必須經常染髮而成為常態，第一次裝上假牙的彆扭，到現在缺它不可，第一次使用登山杖掩飾自己腳力的不足，到出門下意識的非找把長柄傘握住才放心，點點滴滴的累積都說明「老了」。

都是這樣的，日子無聲無息的過，年輪悄然無痕的轉，從青春年少越過拼搏忙碌的中年、轉眼來到細數流光的老年，如果前半生是付出、奮進，那麼老來就應該是放下、休息的開始了吧！雖然還是覺得失去的多、擁有的少，但這就是人生，每個人都是這樣走過的，在回首過往歲月的同時，除了珍惜還要學會規畫，把握夕陽無限好的淡定與安靜，就怕餘光熄滅空留遺憾。

我年輕的時候工作非常忙碌，既要當職業婦女又要兼顧家庭，人家都説我能幹，其實是不能不幹，看似無所不能、無所不包，卻是蠟燭兩頭燒，如八爪魚一般攬盡生活大小事，每天陀螺似的轉個不停，過關斬將般的擺平面臨的各種考驗，年輕的日子就這麼忙過了，轉眼間孩子大了，自己卻老了！生活在不知不覺的沉默中運轉，生命也在歲月裡悄悄的改變，驀然回首，已然進入老年，回首來時路，再多的感概都不如思考未來重要。

當兒女有他們自己的生活而離開身邊，丈夫也先我而去的如今，忽然覺得多出很多獨處的時間，而且未來也會如此繼續下去，但我並不覺得寂寞、孤獨。想想一些不婚、不育的人，到了老年同樣也是一個人過，而我曾經有過的輝煌是不滅的記憶與回憶，所以只要心態樂觀，日子便沒那麼苦悶，做好準備，生活就可以過得舒心坦然。

養兒防老的觀念過時了，這個時代的老人很難指望子女們有錢有閒的照顧，以前為丈夫、為孩子忙，那是責任也是義務，自己老了就得自己打算，畢竟只有自己才知道要的是甚麼，其實少了責任反而無擔一身輕，如此也就心廣天地寬了。

CHAPTER 1

一個人的生活

近些年，每到週休二日或連續假期家人都外出，只有我一個人在家的時候，心情反而顯得輕鬆，因為不管是留在家自己吃飯、看書、休息，還是外出閒逛、會朋友，都無須考慮配合其他人，完全可以自己支配時間，這種無牽掛的自在，是進入老年生活最恬淡的節奏。

人幾歲才算老？每個人的體質不同、生活環境不同、飲食作息不同，這些都會影響各人老邁的程度和狀況。其實五十歲依然生龍活虎、六十歲仍然活力十足的大有人在，只要不生病，現代人往往要到七十歲才會逐漸顯現老邁的外貌與動作。雖然依照勞基法，六十歲便可從工作崗位退休，有人甚至更早，只是一旦卸下工作的壓力，便漸漸產生進入老年的恐慌，而不得不思考自己未來的生活。

以現代人的健康狀態來看，六十五歲是老年生活的分水嶺，在此之前，絕大多數的人為了責任而忙於工作，奔走於職場和家庭間努力付出，無非為了賺取更多的收入以支付生活的開銷，或致力於名位上的肯定讓自己留下成績，如此為名為利的碌碌營營，鋪排了每個人不同的成就，與不同的得失。而到了六十五歲，便不得不放慢腳步、開始規畫另一段生命的旅程，也就是必須面對逐漸到來的老年生活了。

六十五歲也是體力開始衰退的年齡，即便再善於保健、養生，身體器官的陸續老化，都已不如在此之前的精氣神，白髮、老花、膝關節退化、齒牙動搖，都只是輕微的徵兆，一些老人病會在不知不覺中如影隨形的加附在身上，如果不注意保養，健康老化、器官退化的速度會更快，因此六十五歲也到了自己的身心靈都更需要保健的時候。

做好心理建設

老，是生理的改變，無論貧富、不分男女，年齡到了，誰也逃不掉必須面對的現實，皺紋的產生使容貌不再年輕，反應變慢導致動作不再靈活，説話做事也沒從前俐落了，這些都在提醒著「老了」，必須用不同的方式生活了。

其實換個角度想，老也沒那麼糟，六十五歲開始領取老人卡之後，車票、門票、電影票都半價，政府有敬老津貼、社會局有敬老專案，何不心安理得、放鬆心情，用健康的心態接受？無法改變生理就學習建設心理，太多的怨艾與牢騷只會增加別人的厭惡、搞壞自己的情緒，若因此變得孤僻、古怪，豈不是自找的？

現今社會的少子化，使得未來高齡社會的諸多問題已然可以預見，如何面對、適應以享受優質的老年生活，非常需要規畫與學習。

我這個年齡的身邊朋友們，有些跟我一樣，因先生的離去而寡居，或是因妻子的早逝而鰥居的，如果沒有獨自生活的條件，很多還是跟著子女同住。所謂獨自生活的條件，指的不外乎有自己可以支配生活開銷的金錢、不必寄居他人名下房產的居所、以及行動自如的健康身體。

根據國民健康署的統計，女性的壽命比男性長，女性的老年生活也比男性有活力，有些男人退休之後，由於不再需要固定工作而出現不知所措的慌亂感，以至減少與外界接觸的機會，而把多數時間宅在家，活動減少的後遺症是運動量也少，間接影響思想停滯，身體機能出現衰退。我家戶長就是這種人，我常說他的認知就是：「哪裡都不如家裡好、出去不如在家好、家裡客廳最好、客廳的沙發最好、沙發就他常坐的那個位置最好」。他的生活總是自我侷限在室內有限的空間裡，偶爾催他出去活動也是匆匆去回，果然退休後不到三年就病倒在床，病情則是慢慢加重，一年不如一年，直到離開，他的老年大都躺在床上度過，孰令致之？豈不都是自己造成的？

因為退休太清閒而缺乏生活重心，離開工作崗位不久就開始生病的例子很多，剛開始可能只是小毛病，卻也能從輕微的症狀慢慢累積。有人希望藉此獲得家人的關心和重視，但這種刷存在感的心態，剛開始也許可以能得到關心，但時間長了就成為別人的負擔，畢竟清閒的只有你一人，其他家人可能還在工作中，就算有心也可能無力，能怪別人冷漠嗎？自己過得不開心，受罪的是誰呢？比較積極的作法應該是作好身體保健，多運動健身，把自己照顧得健健康康才是正向思考吧？

我的父親是軍人，我記得他退役後在家做得最多的工作，就是每天檢查我們每個孩子的書包，除了成績單之外，特別注意我們的社交情形，只要有信寄到家裡，他一定先拆開來看，而且擺明了讓你知道是他拆的，因為最後他都會批上「父閱」二字，並加註日期。他的這個舉動，讓青春期的我們都氣得咬牙切齒，其實不過是同學間往來的書信或卡片，他卻從不放過，如此讓我們毫無隱私、不受尊重的行為，換成現在的親子關係，不知會造成多大的叛逆和衝突，只是當時的社會風氣還是「父母最大」的時代，我們也只能敢怒不敢言罷了。

我同學的爸爸在軍中是團長，本來每天都需要批公文的，退休後沒公文批了，就要他媽每天把菜單列出來讓他批示，包括買東西和家用開銷都要讓他審閱，好在他媽願意配合，也沒因此生氣，倒成了他們的生活樂趣。但不是每個家庭的女人都願意遷就，這些看似無聊的行為只能說明：老男人的無所適從比老女人嚴重得多。

反觀一些上了年紀的老女人就不一樣了，除了依然對家事操持、牽掛外，比較願意呼朋引伴從事戶外休閒活動，對各種團體活動的參與感也比老男人來得熱衷，還會安排各種學習課程，讓日子過得忙碌又充實，可見走出戶外、結交朋友、參加活動，還是讓老人避免寂寞無聊最好的方式。

走出户外、結交朋友、參加活動，是老人避免寂寞無聊最好的方式。

獨居的自在

我生長在手足眾多的家庭，成年後的工作又是必須與眾人相處的環境，孩子成長的過程，我因為工作忙碌常常不耐煩他們的干擾，所以一直以來心裡最渴望的就是可以安靜獨處的環境。所以即使年紀大了，兒女也長大不再環繞跟前，我依然不喜歡人多喧嘩的地方，對於群聚活動，偶爾參加還可以，如果是經常或定期的出席便興趣不大，以至很多時候我都習慣獨來獨往的活動，覺得這樣就不用配合別人，也不會拖累同伴。

但是我並不鼓勵大家都用這種方式過日子，畢竟能否獨居除了要考量另一半是否存在之外，衡量自身的條件也是必要的，如果您的個性不夠獨立、處事的態度不夠決斷、身體不夠健康、財力不能自足、生活不能自理，就不適合一個人生活。這些條件取決於您的身體狀況，和對老年生活的期許和決心，更重要的是個性，所以，一個人生活除了需要心理建設，還需要具備生活條件。

老了，還可以住在自己名下的房子裡是很幸運的，不跟兒女同住，可以避免彼此干擾，用自己的節奏作息會比較輕鬆。但如果受限於現實，必須跟已經結婚成家的兒子或女兒同住的話，除了保有自己的空間，少過問他們的生活方式，是避免齟齬很重要的自覺。至少關起門來便是屬於自己的領域，再小都是自己的窩。

雖然孩子是您生養的，但當他們有了自己的家庭，他們要照顧、要負責的應該是他們的另一半和孩子，在優先順序上他們的妻小比您重要。所以我們應該功成身退，他們的生活由他們自己負責，讓彼此成為朋友，而不是讓親情成為鎖鍊。需要您幫忙的時候您可量力而為，如果您幫不上忙就不要勉強，當您需要他們協助時可以表達，他們不願意或照顧不了您，您也不要生氣。畢竟除了親人還有朋友，對上了年紀的人來說，如果沒有老伴，老友就是非常重要的幫手。

例如，我每兩年都會照一次胃鏡、大腸鏡，因為選擇麻醉無痛檢查，所以醫院都要求必須有親屬陪同，可是我家的年輕人沒有辦法請假，所以都是麻煩朋友陪我去，而一旦朋友必須上醫院或辦任何事需要有人陪伴的時候，我也會義不容辭的陪她們。互通有無是老年人非常需要的協助，而建立一兩位這樣的朋友是非常重要的資產。

✤一夜好眠

上了年紀的人常被形容：坐著就打盹、上床又失眠。的確，老年人的睡眠品質不同於年輕人那種倒頭就能睡，睡熟了又叫不起的狀況，總在似睡非睡、似醒非醒間，一夜好眠並不是每個老人都能擁有，除了身體機能退化，健康違和以及生活習慣都會影響睡眠。

有人白天活動多，一回家坐下就開始睡，有的是白天在家沒事做，隨時都在瞌睡狀態，到了晚上即使上床就睡也會中途醒來，如此睡睡停停當然無法一覺到天亮。其實老年人的睡眠並不需要太長，因為勞心勞力的事少，整天又大都處於休閒狀態，自然無須靠睡眠來補充體力，然而完整又深沉的睡眠，仍然是讓精神飽滿最好的方式，因

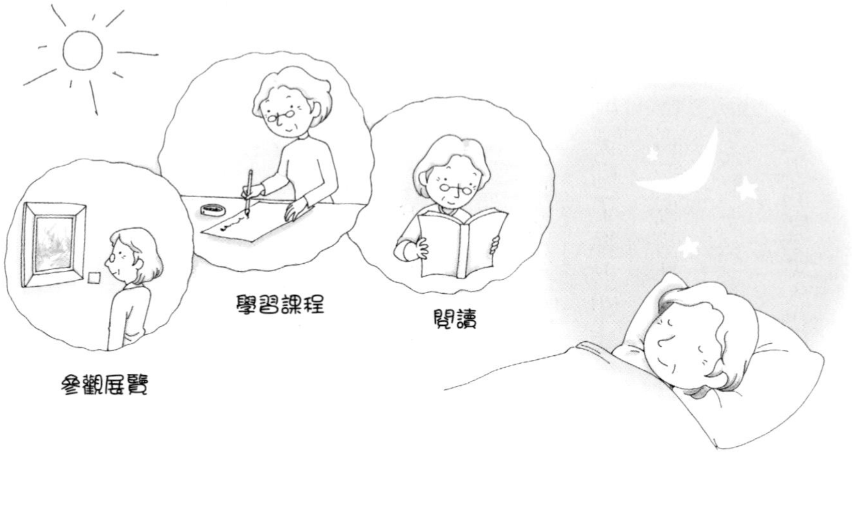

白天多活動，晚上就容易獲得一夜好眠。

此，白天少睡、多活動，即使午睡時間也不要過長，安排些不費心力的閱讀、參觀、學習等活動，減少在家慵懶的時間，才能慢慢平衡作息。

勞動與運動

常聽到有人說：我每天又忙又累，活動量那麼大，哪還需要運動？其實那是勞動不是運動，勞動是重複固定的姿勢和動作，時間長了反而容易造成這些部位的疲勞、甚至出現傷害，運動則是讓各部位的肢體，充分在放鬆和使力間得到均衡的舒展。勞動的人放下工作只想休息或睡眠，運動則是釋放體力後有流汗的舒暢感，兩者的功能和效果是不同的。

不同年齡需要和可以接受的運動質量不同，上了年紀的人不適合、也不能做激烈的大動作，而應該以輕緩、溫和的短程運動為宜，例如坡度不高、路徑平坦的登山，全身可以舞動、調節呼吸的太極拳，定時定點的散步等，而即使坐著也可以利用拍打四肢、按壓穴道、扭動肩胛、頭頸，抓放手掌、抬放雙腿和轉動腳板這些動作，達到讓身體氣血流通、呼吸順暢的微運動。總之，不管在家或外出時都要盡量讓自己保持靈活的動作，不要固定休息或靜止在一個位置、視線和空間內，是非常重要的自我要求。

上了年紀的人應以輕緩、溫和、可讓身體氣血流通、呼吸順暢的微運動。

有些老人為了強健身體，於是天未亮就到公園開始運動，直到太陽出來、滿身大汗才停止，以為如此每天都是吸收到最新鮮的空氣，其實這只做對了一半。在一場醫學的演講中提到，太陽沒有出來之前，草木樹林無法行光合作用，行走其間吸收到的是不好的二氧化碳，反而對身體健康無益，這說明了運動也要正確才能得到良好的效果。醫師建議運動要在太陽上升之後再開始，而且上了年紀的人只需以溫和的散步、慢走就好，並不需要強烈的體能運動。

第二春是否更快樂？

白頭偕老，是每個人對婚姻的期許，然而婚姻路上的變數何其多，每對無法偕老的夫妻都有各自的故事，或生離、或死別，都是婚姻無法共守白頭的痛，但是當與另一半無法再共同生活，一個人的日子還是要過，至於該怎麼過，既是抉擇也是智慧。

多年前鄰居太太因為憂鬱症纏身而自殺身亡，她的丈夫面對眾人痛哭流涕、數月不修門面、亂髮粗服的神態讓人印象深刻，大家都能感受到他內心的哀慟。這讓我想到，文學巨擘梁實秋當年喪妻時寫下了《槐園夢憶》一書，字字哀淒、個中深情讓人動容，然而時間可以修復傷痛，時間也可以送走悲傷，昔日的種種回憶也是可以歸檔的，於是幾年後梁實秋又娶了新的妻子。

喪妻的鄰居男人不久就找到新伴侶了，開始是年輕的女子，過了一段時間又換了不同的人同進同出，反正每隔一段時間就換女朋友，也不知是女人不願跟他長久的過，還是他不想再讓女人羈絆，維持最久的是一位喪夫的中年婦人，兩人年齡、外貌、家庭背景都相當，大家以為他們會安定下來共度未來的日子，沒想到還是分手收場。個中情由外人不便多問，畢竟各自還有其他家庭成員要考慮，加上可能牽涉的財產問題，想當然要考慮的方方面面自然要比一般單身複雜得多。不過還好，不久就又看他帶著新女友出現了，看來他很能適應不同的情況。

男人跟女人不同，男人喪偶的恢復期很短，只要再出現他認為可以接受的對象，便可立刻開始新的感情，甚至熱情與衝動都不亞於青春少年郎，馬上活得光鮮又活躍，而女人喪偶後的心情復原較慢，對於死去的人，好與不好都是曾經滄海難為水，尤其上了年紀的女人，想到終於擺脫約束，往後想一個人過的意願更高些。

失去伴侶的人之所以願意再婚，有兩種可能，一種是認同過去的婚姻美好，想再延續，另一種是以前過得不好，希望有重來的機會，讓破碎的半邊重新再組成一個圓。於是將過去的美好或缺陷在記憶中歸檔，活著的人不必在回憶中糾結自苦，何況如果距離生命的終點還有漫漫長路，願意去爭取另一個春天是勇氣也是緣分，也許對未來彼此都有更成熟的智慧去面對，比起年輕人的轟轟烈烈，這樣的暮光餘溫自有它的溫馨，但能否修來另一段好姻緣，就各有各的福報了。

我有一位文筆與才情都非常優秀的女性朋友，雖已年近六十依然風姿綽約，加上會打扮，雖然兒子都上大學了，看起來還像不到五十的風采，光鮮亮麗、容貌出色，不但女性朋友緣好，也是男性朋友爭相交往的目標。這位友人離婚恢復單身後便與多位男士交往，應酬場合像花蝴蝶似的四處週旋，毫不避諱她單身的自在與快樂，起初以為只是她一貫的隨和，後來多次在FB上看她公開跟一位比她年輕，又相貌英挺的帥男出遊的放閃照片，等於昭告大眾了，她自己也承認對方正是自己交往中的對象。雖然看得出來女大男小的年齡差，不過兩人的外貌還算登對，何況現在姐弟戀也算不得突兀，再說她願意、也有機會發展出新的戀情，給自己找個鍾情的伴侶還是值得祝福的。

差不多有兩年的時間，從她每次旅遊歸來公布的照片中可以看出兩人遊遍國內外不少景點，每張照片都那麼甜蜜依偎，以為公布喜訊為期不遠了，沒想到有一天晚上很晚了接到她的電話，那濃重哽咽的聲音嚇了我一跳，聽她絮絮叨叨的訴說兩人分手的經過，她那邊痛徹心肺的說著兩年多來的點點滴滴，本來想睡的我突然睡不著了。

每段愛情的內容都不同，每段故事的曲折都各自精彩，結局卻是大同小異。她經歷了一段人財兩失的詐騙式戀愛，原來對方是失業的離婚男，交往期間的花費經常由她支付不說，時間久了還跟她開口借錢，她也借了不少，剛開始有借有還的讓她撤了心防，後來投入一筆很大說要讓她當老闆娘的資金後，人就慢慢消失了，直到完全失聯，她才發現上當。

就跟所有騙子一樣的技倆，上了年紀的人警覺性居然這麼差，要不是對方把她哄得太好，就是她沉溺在愛情裡太深，已經忘我了。只是這種年紀，遇上這樣不堪的愛情，比起年輕受到的打擊，恐怕更加椎心刺骨吧！

作為她的朋友，除了聽她發洩、提供一些言語上的安慰，什麼忙也幫不上，感情的事只有靠自己打敗心魔，才能重新面對陽光。情殤不是只有年輕人才有，上了年紀的人打擊更大，後來再見到她時宛如大病一場似的憔悴。可見老來入花叢更需要謹慎，男人女人都一樣。

當然朋友中也有幸福的案例，不管是喪偶的男人再婚娶了沒結過婚的高齡女子，還是丈夫過世後帶著孩子再嫁離婚的男人，各種組合都有，結局也各有幸與不幸，踏出那一步之後全憑命運的安排，也看各自對新伴侶的期許與需求。不管男人或女人，不能跟自己初婚的另一半走完婚姻路，是幸還是不幸，只有自己清楚個中滋味，演完了前段，要不要換個角色繼續演，不到謝幕誰也不知道是這齣戲是甚麼樣的結局。

但是，男女交往無論是初婚還是再婚，只要涉及金錢都是尷尬的，如何理智的開誠佈公、保持自己的立場又不讓對方難堪很重要，哪怕可能因此而決裂，也要清楚表明自己讓步的底線。上了年紀的人掌握金錢比掌握愛情更重要，因為現實是殘酷的，年輕失敗了還有再起的力量，上了年紀的人一旦連錢財也失去，可能連翻身的機會也沒了。

對於曾經各自有家庭的喪偶者來說，沒有財產還單純些，不過沒錢的老人估計也就沒有再談情的雅興吧！但只要還有點盈餘便牽涉到各自有繼承權的子女，那便複雜了，很多因此鬧得不愉快，甚至對薄公堂的案例時有所聞，因此一些有財力的大戶男女，再婚前要求雙方簽署財產歸屬協議，看似掃興，卻是互相保障最理智的作法。世上沒有永恆的愛情，但絕對有現實的金錢。

有位修行者對沒結婚的人說：你上輩子不欠姻緣債，所以不用結婚來還；又對沒有子女的夫妻說：你們不欠兒女債，所以不必受養兒育女之苦。原來夫妻、兒女都是為還債而來，佛家說：「若問前生事，今生受者是。要知來生事，今生所為是。」婚姻，無論生離或死別、婚與不婚，幸福或不幸福，都是來紅塵一遭的選擇與經歷，個中滋味如人飲水，無所謂應不應該、要不要，不同的功課各自修行，最終都是一人獨行。

開門走出去

我有位朋友，退休前是單位主管，負責的業務多又廣，接觸的人各種層次都有，她是那種見招拆招，待人接物圓融周到，典型八面玲瓏的人物，所以工作一向得心應手，原以為以她的個性，一旦退休在家沒那麼多事可做、沒那麼多人要招呼，必定無聊至極，沒想到退休後找她比退休前還難，因為她是基督徒，一退休就馬上投身教會，大家遇到各種疑難雜症都找她，每天在外排解的時間比在家的時間還長，而且處理起來得心應手不說，完全樂在其中。退休前她就經常忙得不巴家，退休後還是見不到人，這完全是個性使然！如此無縫接軌的生活方式也算是奇葩，每次見面她總是隨時電話不斷、而且不停滑手機，簡直比年輕人還忙，不免讓我覺得占用她的時間有點罪過。

當志工是很多退休老人選擇的品項，他們投身在博物館、圖書館、醫院、國家公園、觀光景點、森林園區、古蹟導覽等工作，貢獻自己的體力與知識服務人群，也有人喜歡到廟宇服務信眾。對志工工作不感興趣的，就以自己的愛好作安排，例如上各種不同的課程、參加不同的社團活動，都是讓自己腦子不停頓、讓生活更豐富多元的方式。

其實老人也可以不必過得那麼勵志，吃喝玩樂也是一種生活態度。我有一位親戚就是這樣，年輕的時候辛苦工作、賺錢，等兒女都長大、結婚成家了，她平日就參加各種唱歌、跳舞、登山的社團，還每年安排兩三次出國旅遊，幾乎玩遍亞洲、歐洲、中國大陸、紐、澳各個國家。她的人生哲學就是：自己賺的自己花，不留錢給兒女，一些不動產只要她活著，誰也別想動，死了就隨兒女處理。平常生活很節儉，不亂買東西也不亂花錢，一個人住居然可以省到每月電費才二百五十元，因為她從不開冷氣也不看電視，上廁所除非是大號，否則一天只沖一次水，能免費的絕不花錢，把各種開銷都算計得很精準。這種生活方式其實沒甚麼不對或不好，這是她個人的生活觀，只要不影響別人又何妨？她快樂就行，生活用任何方式都無所謂，只要自己覺得自在、舒坦，就不必在意別人怎麼想、怎麼看。

老人最怕自我封閉，越不與人群接觸越容易依賴子女，最後成為他們的壓力，自己也不快樂。其實現在有很多社團可以提供老人選擇適合自己的、符合興趣的活動去玩、去學，朋友都是透過接觸交往的，哪怕只是到公園去坐，也可以認識到跟您一樣心態的人，從中選擇談得來的，一起聊聊天談談話，只要彼此沒有金錢往來、也沒有目的企圖，都是拓展生活圈域值得一試的方法。不打開窗戶如何讓陽光進來？不開門走出去如何擴展視野、豐富生活？

我的母親由於鄉音重，外人很難聽得懂她說的話，年輕的時候常常靠子女幫她轉達意思，或是靠著連帶手勢七拼八湊地猜測並完成她要買的東西或要辦的事，老了以後她竟然去住家附近的小學上老人課，而且整整念了十二年，直到八十歲才「畢業」。

這期間不但學完小學課本，還會念唐詩、寫毛筆字、畫畫，補足了她幼年失學的遺憾。她的字寫得非常工整漂亮，有時我看看自己為趕時間而潦草應付的字都覺得汗顏！除了上課時間外，她多半待在家裡寫字、畫畫，然後把她的作品分送我們七個子女，算是素人畫家的創作吧，畫風雖然沒有門派，我們還是給她拍拍手！

除此之外，她也會作一些學校學來的手工藝，像摺紙啦、做模型啦、編結啦，而且一做就是七份，每人送一個。她常說她沒有財產分給我們，這些都是留給我們紀念的，雖然東西不值錢，卻是一個老人的心意，也是她打發時間、排遣老年生活的紀錄。

「走出去」，我從母親身上看到了對老人最好的消遣方式。

一個人也要好好吃喝

✤起床後的第一杯水

人體不是只有經過運動、流汗才會感覺口渴而需要喝水，在長時間的休憩或睡眠之後，醒來感到的口乾舌燥，都意味著身體正發出需要補充水分的訊息。這對老人來說尤其重要，因為長時間的睡眠會使體內血液的濃度增加，如果不及時補充水分，長期以往便容易有心血管疾病及中風的危險。

我的家人中就有兩個因為不愛喝水，導致最後得病的案例。一個是我先生，一個是我母親。他們平常就不怎麼喝水，我先生居然是嫌喝水要上廁所麻煩，所以能不喝就不喝，而我母親更是本來就不喜歡喝水，每次帶她出去玩的時候，我每到一個地方，第一件事就是去上廁所，母親都說她不需要，有時我都去三次了她才去一次，勸她喝水也總說不渴，經常是出去玩了一天回到家才上廁所的，因為不喝水所以沒有尿意。

結果他們都是在某個早晨醒來後被發現躺在地上，不知昏迷了多久，送到醫院便被診斷出腦血管栓塞，中風了！上了年紀的人中風的機率固然高，但不愛喝水很可能是因素之一。

嚴格來說，任何年紀的人都要養成喝水的習慣，不能等渴極了才喝，因為喝水也是讓身體排毒的方法之一。老人不愛喝水更不好，容易成為中風病患，而且都是在起床不久發作的，這是因為經過一夜睡眠，人體的血液濃度太高，導致血管阻塞之故。

我每天晚上睡覺前，都會在床頭準備兩個裝滿熱水的保溫杯，一個是完全滾燙的開水，另一個是喝起來不燙嘴的溫水，開水經過一夜的放置，到了第二天早晨起床時，溫度正好是適口的程度，中醫稱這種由滾燙到自然降溫的水為「還陽水」，而比較溫和的那杯則是睡覺前用來吃藥，和應付睡眠中途口渴時可以馬上喝的。

我的作息一般在晚上十點左右就寢，即使稍有拖延也不會超過十點半，起床則在早晨六點左右，夏天會提前在五點半，冬天偶爾延遲到六點。起床漱洗後的第一件事，就是將放置了一夜的保溫杯內的水

起床漱洗後的第一件事，就是將放置了一夜的保溫杯內的水緩緩喝下，份量大約是三百CC。

緩緩喝下，份量大約是三百ＣＣ。起床喝水的習慣，我已經持續了二十年以上，即使到外地出差也一樣，萬一忘了，喉嚨乾燥的感覺也會提醒我趕快補充，所以早晨的第一杯水對我而言是非常重要的習慣。

我幾乎以白開水為主，偶爾會加些西洋蔘或是枸杞子在內浸泡，或是有增強免疫功能的紅棗、黃耆、枸杞熬煮的水，但都不如白開水來得方便、天然，家裡有功能很好的濾水器和飲水機，所以即使是白開水也不難喝。

有些老人習慣喝茶，這也是不錯的嗜好，因為茶葉中的一些成分可以發揮提神、排毒、助消化的效果，講究的還備有整套茶具，讓喝茶除了解渴，也成為生活的情趣。簡單的泡一壺或一杯純為解渴而喝，只要喝習慣了都好，但如果讓茶葉長時間泡在茶杯裡或茶壺內，以致茶葉中的單寧酸過度釋放在茶汁中，喝了對身體反而不好。所以茶葉還是跟水分開比較健康，也就是說沖泡好的茶先濾出茶汁，讓茶葉停留在茶壺內，等茶喝完了再泡。一般茶葉可以沖泡二至三次再換新，當然這也跟茶葉的品種、每次取用的份量、以及各人的習慣有關，沖泡出自己習慣的濃度和口感的茶就好，對老人而言，除非有醫生提示體質不適合喝茶，否則不必刻意去喝或不喝。

水，對任何年齡、任何體質、任何性別的人都是最天然、最適合的解渴聖品。在台灣，目前一般人的飲用水，無論城市或鄉村，百分之九十以上都以自來水為主，只有部分偏遠地區還有井水、山泉水。此外也有人習慣購買礦泉水，這些水的質地各有不同，通過處理成為可以飲用的水，但仍處於生水階段，雖然現在很多家庭都備有濾水器，甚至有使用逆滲透處理的，但並不保證生水都可以生飲，因為容器本身的保養、清潔、濾心的更換時間、都會影響到水質的含菌數，因此飲用水還是經過煮沸比較安全，即便喝的是冷水，也是以開水放涼的比較好。

上了年紀的人，最大的不同就是絕少喝涼水，年輕人在運動完、或體力支出之後，經常咕嚕咕嚕的大口喝下大量的冷飲或冰水，以滿足解渴的需求，其實這都不是好習慣，年輕時的體質或許短時間不會馬上反應不適，但隨著年齡增長，有些病根就是如此默默累積出來的。上了年紀的人不同，基本上就很難接受生冷的吃食，冷飲更是，無論飲料或水，溫熱是基本需求，這也是上了年紀的人出門大都會隨身攜帶保溫杯的原故。

避免超量，善用小型炊具

大鍋可以當小鍋用，這話雖不錯，但也因為容量夠大，不知不覺就煮多了，結果不是反覆吃同一種食物、同一種口味，就是放到不好吃、不能吃然後倒掉，前者委屈食慾，後者浪費食物，對上了年紀的人來說相信都不樂見。最好的方法就是控制分量，然而對操持了大半輩子家務的人來說，從人數眾多到孤身一人、頂多兩人，剛開始都不好掌握，只能慢慢從經驗中控制，畢竟上了年紀的人比起年輕人食量少很多，如果怕吃不完又不想吃回鍋食品，不妨藉助餐具來掌握分量。

現在單身族和銀髮族的人口越來越多，為了因應市場需求，廠商在個人用品方面推出許多造型和設計感都不錯的器皿，因此不難買到各種小型的炊具，而且無論造型、色澤都有許多選擇和令人驚喜的款式，買些賞心悅目的炊具陪伴自己日常的飲食生活，也是生活的樂趣之一，更重要的是可以藉由這些小型的炊具，避免超量的烹調，讓三餐吃得更精簡也更適量。

✤多煮不必多吃——聰明打包術

雖然吃多少煮多少，可以讓自己每餐都吃到新鮮的飯菜、變換不同的口味，但有些需要較長時間烹煮的食材，或是因為主配料較多而無法少量烹煮，或是量多才好吃的湯品，例如羅宋湯、牛肉湯、排骨湯、紅燒肉、滷味之類，一次燒一鍋還是最省時省力的方法。但是多煮也不必多吃，取出每次食用的份量之後，其餘的放涼、打包、冷凍保存再分次食用，依然可以吃到短時間加熱就能享受的美食。

但有幾點需要提醒，首先不要為了打包就大鍋煮，再好吃的食物吃多了也是會膩的，最好不要超過三次的分量，其次是如果需要添加蔬菜在內的話，最好在吃的時候再放入，不要一開始就一起煮，免得經過冷凍影響口感。

偶爾需要用點肉絲或絞肉炒菜、炒飯或搭配在其他菜裡的時候，由於肉類都有血水，必須先處理再加入，即使用的分量不多仍然需要流程，如果覺得麻煩也可以一次把肉絲或絞肉先炒好，然後分裝成小份量冷凍或冷藏，這樣下次只要取出退冰就可以用了，但還是不建議一次炒太多，炒了就要盡快用掉。

✤便宜也有健康食材

除了吃飽，吃好也是上年紀的人很需要的，但這裡說的吃好不是指山珍海味、燕翅鮑參，而是新鮮、健康的食材，無論肉類還是魚類海鮮，都要以新鮮為購買的首先要件，蔬菜也一樣，選擇當季、當令、當地的品項，也可以挑到物美價廉的品質。

近年很多標榜有機的蔬菜水果，只要掛上有機二字，價格便高出許多，很多人也以此作為選購的指標、健康的保證，其實這種思維有點盲目，姑且不說有機驗證還是有作假的可能，如果清洗不徹底或烹調錯誤，照樣達不到效果，與其花高價去買營養價值不成比例的有機商品，還不如選擇一般小農種植的新鮮蔬菜來得實惠。

蔬菜烹調之前可使用流動水清洗，或在水裡加點鹽或醋去浸泡蔬菜。

甚麼季節吃甚麼菜，當令的蔬菜品質好，盛產更是便宜，雖然現在的農業技術讓人們在一年四季都可以吃到非季節的蔬菜，但任何人工栽培、違反天然的農產品都不值得買。像洋蔥、牛蒡、番茄、山藥、馬鈴薯、紅/白蘿蔔、花椰菜，這些都是價格普遍便宜又百搭的食材，營養成分一點也不比進口品遜色。

當然烹調之前的清洗也很重要，坊間有各種清洗水果、蔬菜的清潔劑，但畢竟都不是天然的，建議少用。除了使用清水、特別是流動水清洗之外，在水裡加點鹽或醋去浸泡蔬菜，以去除可能夾雜的小蟲，是比較天然的方式，若是需要去皮再清洗的蔬菜就更安全了。

✤懶人一鍋煮——魚肉海鮮蔬菜一鍋搞定

一個人的飲食大都以簡單為主，只要挑選一兩樣喜歡吃的，吃飽了就打發一餐了，不可能像有其他家人那樣，必須烹調出一桌子菜才有吃飯的格局。但是簡單也不要簡陋，選定一樣主食材，或雞、或肉、或魚，先煎、先煮、或先燒好，然後加入其他配料，蔬菜以根莖類為主，葉菜類要最後放入，如此一鍋煮的概念特別適合單身開伙的條件，但同樣要注意分量，控制在一兩餐之內能吃完的，才是吃好、吃飽又不超量的條件。

3
葉菜最後放
2
蔬菜以根莖類為主
1
主食材先煮好

選定一樣主食材，再加入其他配料及蔬菜，如此一鍋煮的概念特別適合單身開伙。

✤一個人也要按時吃飯——定時、定量、營養均衡

我平日的早餐都是固定的內容，但只要是周末、假日，除了先在家吃點麥片墊肚子外，最常做的就是去菜場買菜時順便搜索些不同的熟食，除了補足早餐之外，包括下午的點心、隨時能入口的各種小吃、零食，例如米粉湯啦、生煎包啦、蔥油餅啦、蘿蔔絲餅啦、菜包啦，看到甚麼買甚麼，如此幾乎可以整天不開伙。現成的熟食多的是，鹽水雞、燒鴨、萬巒豬腳、各種滷味，一樣買一點很容易就能吃飽。打發一個人的一餐真的很簡單、也很輕鬆，這也是一個人吃的自在。

但有些人卻也因為這樣，不定時、不定量便成了通病，而且因為

胡亂吃，便很難兼顧營養均衡。我有一些獨居的朋友就經常用外食處理三餐，除了省略烹調過程，外食其實比自己做便宜，但是外食的風險有衛生考量、食材的新鮮度、人工甘味和添加物等，偶爾吃吃無妨，但不宜長期維持。為了省事而以外食打發，是上年紀的人必須謹慎的。

✤呼朋引伴共餐分享

我有幾位鄰居朋友都是跟我年紀相近的老人，雖然有跟子女同住的，但多數時間都是獨來獨往，尤其是在年輕人上班或周末他們有活動的時候，我們便會相約一起吃飯。有時候是我或對方燒了一鍋好吃的菜一起分享，有時候是一起買想吃的東西一起在我家或他家吃，例

假日時我常會和鄰居或三五好友相約一起吃飯，多人一起總是比較歡樂。

如秋天吃螃蟹、夏天吃涼麵、冬天吃麻油雞或薑母鴨。

不可否認有人一起吃飯是比較歡樂的，不管是兩個人、三個人還是更多人，都能營造出不同的氣氛，花費不多卻有促進食慾的功效，過程中互相聊聊家常、談談八卦、互通訊息，都可以讓上了年紀的人在輕鬆無負擔的氛圍下得到紓解，比起長期一個人悶在家獨食要健康得多。

✤吃食物不要吃藥物

上了年紀的人，或多或少都有些毛病，因此每天服藥是很常見的行為，即使不是為了治病，吃些子女孝敬的或是自己買來的各種維他命也是常有的事。每次聚餐的時候，一到吃飯時間就看到有人從包包裡掏出隨身攜帶的藥盒，然後忙著找開水吃藥，已然成了老人們的習慣動作。

我是極討厭吃藥的人，前些年大病了一場後，吃了十年醫生囑咐不能不吃的藥之外，其他的藥包括維他命在內，能不吃絕對不吃。中國人從小就耳濡目染一些偏方，上了年紀的互相交流後得到的訊息更多，只要不是大毛病，其實透過一些偏方，生活上還是可以避開吃藥，例如感冒了喝紅糖薑湯、退燒喝芫荽甘蔗水、清毒解熱喝冬瓜茶、補氣喝西洋蔘燕紅棗……諸如此類，任何一款都比藥好喝。當然有病還是要看醫生，如果只是小毛病，能不吃藥就不吃了。

很多退休了的朋友，閒來博覽群書、廣蒐新知，各種養生保健的運動、食療、不時分享，嘉惠友儕，每次來自群組傳遞的各種知識常識，只要不是藥物、只要不是侵入性的治療，我都能接受，偶爾也試驗一下。

但也有一些不正確的訊息，尤其是與健康、養生有關的報導，其中有誇大不實的假新聞，老人一定要謹慎選擇，不要誤信，免得破財又傷身。其實不管是運動或食療，都要持之以恆才有功效，如果聽說某種運動好一開始照著做，不久就停了，某些食物對某個器官好也是吃個幾次就不吃了，如此三天打魚兩天晒網、做做停停的養生法其實效果有限，寧可吃食物、少吃不是醫生處方的藥物，更別聽信廣告購買功效被誇大的藥品，是上了年紀的人必須警惕的。

食物要適應體質

任何食物都有它的營養，只要正確攝取，都可以幫助身體達到養生的目的，但不是任何身體都適合任何食物，因為每個人的體質不同，有些食物適合、有些會產生不良的副作用，所以養生保健要選擇適合自己體質的食物才能發揮效用。

每個人從小到大對自己的體質都有一些經驗，知道可以吃甚麼不能吃甚麼。再好的補品體質不適合、吸收不了也沒用，最好的方法是先做一次健康檢查，再聽聽專業人員的建議，然後用平常心在日常飲食中攝取自己需要的營養，這樣的保健才合乎自然，也避免讓自己花錢得不到效果，徒然成為藥品廣告的試驗者。

✿長壽之道——放寬心

自古以來，長壽不是有錢人的專利，也不是權貴者所獨享的，除了先天的基因，還有後天的調養，應該說壽命不在長短而在於健康，以現代人的平均年齡，男人是七十歲，女人是七十五歲，如果沒有意外，都不難活到這個歲數，甚至更長久，但如果身體老是帶著病痛，活再久也不開心，所以健康才是真正的財富。

上了年紀的人要降低欲望，才能減少內心的罣礙，心無罣礙便是寬心，才是放下，我們一路走來都經歷過挫折、打擊、辛苦奮鬥，如今美好的仗已打過，如果還執著於是非名利，那就是放不下，放不下、無法寬心，又怎能讓生活過得健康快樂？

開心自在過好每一天

有時，我還滿羨慕那些上了年紀、有錢有閒可以四處遊山玩水的老人們，有人一年出國好幾次，世界各國到處玩，這不只需要財力、還需要體力才行。我一直有暈車、暈船和暈機的毛病，如果不吃藥，坐車只要超過三十分鐘便開始暈眩、嘔吐，下車後也會精神不濟而遊興大減，常常增加同行人的壓力。但如果是我自己開車反而不會有這些狀況，卻又沒有體力開長途，所以長期以來我只能選擇短程的旅遊，而且多半以國內為主，尤其高鐵的平穩比公路的顛簸對我來說更舒服些。

至於暈機就更尷尬了，我只有坐商務艙或頭等艙才不暈，說出來好像顯得自己嬌氣，如果是短程的出差，搭商務艙也就罷了，若是團體旅行，即便另外付機票差額，也難免讓人覺得標新立異，顯得不合群。何況長程的國際旅遊一趟動輒十幾萬，若再加上機票差價，也不是我願意負擔的，因此出國旅遊的機會也就少了許多，每次朋友邀約都找理由推託，其實只有自己知道原因何在。

其實國內也有許多不亞於外國的景點，或者短途飛行的旅遊，即使搭經濟艙也還在我的體力承受範圍之內，都是我的選項之一。上了年紀後，我對旅遊的原則是想用比較輕鬆的心情、比較寬裕的時間，欣賞不同於平日接觸的景觀，少了年輕時那種新奇、歡愉、熱鬧、刺激的心態，所以無論國內或國外、地方遠或近、花費多或少，都能看山是山、看水是水。

和同年紀的朋友一起出遊是很熱鬧的群體活動，不管人多或人少，一定要先放下自我、配合大眾才玩得開心，因為每個人的體能不同、習慣不同、口味不同，萬一發生意見差異的時候，首先不要堅持自己的意見要大家配合你，否則即使當下你贏了，以後願意跟你出門的人就少了。計較，在任何時候、任何年齡、任何群體都是不受歡迎的毛病。

我的一位親戚，退休後參加一個全部都是退休人員的社團，無論是甚麼樣的活動，這群人出去總是穿著顏色鮮亮的衣服，即使是頭髮花白的老男老女，也都是大紅大綠的穿戴，一群人總是又唱又跳的絲毫不顯老態，一個個返老還童似的，開心得不得了！他們幾乎每個星期都有不同的活動內容，天氣好就去戶外，天氣不好在室內也能安排活動照玩。

這是對的，上了年紀的人玩伴很重要，自己內向沒關係，但是週邊一定要有些愛玩會鬧的人，這樣生活才不沉悶，如果都是個性內向的人，聚在一起不是互吐苦水、就是發牢騷，其他人必然也會受感染而產生負面情緒。所以老人一定要走入群眾，去感受別人的不同生活方式，越閉鎖越鬱悶，心病都是這樣悶出來的，既然要出門就不妨注意穿著打扮，除了讓自己開朗，別人看著也陽光。

早年，我家對面住了一位位階很高的大人物，房子是有花園庭院的百坪日式平房，每天早晨西裝筆挺的出門，由公家派來的司機開著大型車接送他上下班，既氣派又威風。後來有一天我看見他穿著休閒服和布鞋，拎著一個購物袋從外面回來，瞬間覺得跟印象中的他有很大落差。之後看見的次數多了，才知道原來他退休了，因為不必再出門上班，也不再有司機來接他，所以衣著也就不再講究，經常穿著已經洗得有點舊的格子上衣、鬆鬆垮垮的長褲、穿著布鞋跟太太一起出門散步、購物，花白的頭髮有時還顯得凌亂，鬍子好像也不是天天刮，總之就是一付糟老頭的樣子，比照他往日的氣派簡直判若兩人。

俗話說「佛要金裝、人要衣裝」，不管是男人或女人，一旦退休了，讓自己過得輕鬆、穿戴隨心，固然無可厚非，但服裝儀容往往是給人的第一印象，無論過去的地位高低、成就如何、經濟能力、財富多寡，服裝儀容都是最直接的反應。雖然自己舒服就好，在家無所謂，若出門也隨便穿，不知道的只當是小老百姓也就罷了，熟人或認得的人看在眼裡便顯得滄桑。畢竟上了年紀的人已經沒有顏值，若再加上不修邊幅會顯得特別潦倒，隨時盛裝固然大可不必，但是乾淨整潔、剪裁合身還是必須的。

在我才五十歲左右，還不算太老的時候，偶爾周末去菜場，本想只是買個菜，之後如果沒有其他活動，有時就完全不化妝的出門，結果不管路上遇到的熟人，還是常買東西很熟的攤販，一看到我時，雖然嘴上不說，眼光透露出來的訊息卻是明顯的錯愕和驚訝。雖然我平常也不濃妝，但是完全不化妝的落差還是很大吧！特別是年紀越大越震撼，即便年輕時是大美女，老了也是不好看的，化裝雖然未必變美，不化妝卻可能嚇人，稍加修飾至少看起來順眼些。

上了年紀的人本就姿色殘褪，若再不注意儀容，會顯得委靡，所以還是稍稍打扮一下的好，例如沒眉毛的畫上眉毛，膚色不好的擦點粉底霜，或者塗點口紅讓嘴唇有點光澤，就算風采不能依舊也要讓氣色溫潤怡人，完全不修飾，怕連自信都少了。

服裝儀容往往是給人的第一印象，隨時盛裝固然大可不必，但是乾淨整潔、剪裁合身還是必須的。

對於服裝的色彩，我以往都習慣偏素色，尤其當體型日漸橫向發展的時候，為了不讓自己顯胖，衣服都以深色為主，黑色尤其多，偶爾搭件亮色的外套或絲巾如此而已，相較於我那花枝招展滿櫃子五顏六色衣服的親戚，我的穿著顯得既老氣又沉悶，有時不免連自己都覺得太沒變化。色澤明亮的衣服能讓人顯得比較精神，所以這幾年自己開始對亮色衣著放寬接受度，老女人的精氣神，有時還是需要靠衣服幫襯的。

比起我年輕時候那個年代，如今的女性服飾已然開放了許多，各種露胸、露臂、露肩、露腿的衣服設計早已見怪不怪，只是這些服裝穿在年輕女人身上可以展現青春活潑的體態美，但如果上了年紀的也這樣穿，就未必合適了。特別是天氣炎熱的時候，為了涼快穿得少，滿街都是短褲薄衫的穿著，上了年紀的面對家有晚輩穿得袒胸露背的未免失態，若是外出，即使輕便，但身上那些鬆垮的贅肉，外人看著也不雅。

有一次去接外孫下課，走在我前面的是位六十幾歲，也是來接孫子的老太太，穿了一條牛仔布料的短褲、夾腳拖和一件低領T恤，這樣的配備在四十歲的女人身上不算違和，但穿在她這個年紀的人身上，說實在還真有點慘不忍睹，兩條枯瘦的腿一路迤邐前行，偶一彎腰或抬手時，露出的腰背贅肉瞬間暴露出老嫗的尷尬！如果只是在家穿或許不會這麼刺眼吧，所以時尚是一回事，時機、地點合不合適，還是需要考量的。

CHAPTER 2

倆人過日子

夫妻能白頭偕老是幸福的，也是幸運的，每次在公園、街道或巷弄裡看到挽手同行的老夫妻，那背影特別讓人感動，即便已步履蹣跚，踽僂同行的畫面也依然是最美的風景。

我住家附近，每天早晨都會看到一對夫妻，一起騎著摩托車到每條巷子去洗車，他們吃力的提著水找到每輛不同車主停放的位置，趕在他們上班之前把車洗乾淨，騎車的先生先把盛滿水的水桶放在踏板上，找到車再把它提下來，然後兩人一起把車洗淨，忙完一輛再換另一輛，所有粗重工作都由先生做，太太只是完成擦乾的部分。

傍晚時分有時又會遇到另一對做資源回收的夫妻，他們把不同的回收品分門別類的綑綁好，然後由先生把它扛到他們的三輪車上，離開的時候，先生在前面駕駛著三輪摩托車，太太就坐在後面有空間的位置上，一路噗噗噗的離去。有時候車上的東西不多，太太就坐在他身後的地方，然後一路聊天離去，每次遇見他們都是在聊著不知甚麼內容的話題，只有擦身而過的時候，飄出幾句外人無從得知頭尾的話語。這兩對夫妻給我共同的印象是愉悅的，如此的胼手胝足，生活再苦、工作再累都有另一半相陪，想來老去的時候也能如此相伴，多麼知足的夫妻。

台語的夫妻稱另一半為「牽手」，說的正是兩人年輕時同甘共苦、一起打拼，老了可以攜手同行相互扶持。這樣的承諾在結婚的當下都是信誓旦旦的，可是有多少人可以走到最後仍視對方為牽手？

漫長的婚姻充滿考驗與變數，每一對夫妻的日子都有說不完的故事與領悟，畢竟婚姻雖是兩個人的感情，卻也牽連著兒女和其他無法割捨的親人，一路走來的生活考驗何其多，到老能夠避過生離死別共同度過老年時光何其可貴，怎能不珍惜？即便有甚麼新仇舊恨，老了就偃兵息鼓、互相包容，讓彼此善終吧。

即便沒有家財萬貫，但如果能和另一半相知相陪，幸福之情也令人欽羨。

互相遷就只為和平共處

夫妻相處是一輩子的學問，我母親常說：「跟妳睡破三床蓆子的男人，妳也未必摸透他的心」，正是相愛容易相處難的最佳註解。每對夫妻的結合動機不同，因相愛結婚的固然有，媒妁介紹相知不深就走入禮堂的也大有人在，只要願意對婚姻認同，往後的日子就能維持下去。以前的人能忍、也願意讓，而且會用「相欠債」來解釋對方的虧欠與不足，可是現代的人都不願意委屈了，任何年齡、任何年資、任何一方提出，離婚都不再是不可饒恕的罪。結婚的理由也許只需要一個，那就是愛，但是離婚的理由卻有千百個，而不只是不愛而已。

現代人的自我意識比較強烈，有人年輕的時候離婚，是不想未來漫長的生命浪費在不想容忍的人身上，分開讓彼此有機會重新選擇；而上了年紀的人離婚，是厭倦了貌合神離、差距越來越遠永無交集，不想讓有限的餘生繼續蹉跎，而寧可離婚獨身終老。任何決定都沒有對與錯，只在個人的選擇。

我年輕的時候會覺得離婚是一種罪惡，對孩子是無法彌補的虧欠，可是上了年紀之後再看，反而覺得不和諧的婚姻還要硬維持才是折磨，一個冷冰冰的家，孩子感受不到溫暖，夫妻冷漠以對，這樣的團圓毫無意義。彼此都以為自己在犧牲，卻沒有人對這樣的處境領情，孩子希望趕快長大逃離，夫妻恨不得早早結束各自放生，如果說婚姻是枷鎖，套進去需要勇氣，掙脫就得付出代價。

據說日本的老年離婚率比年輕人還高，因為日本女性通常婚後便留在家當生兒育女、打理家務的純家庭主婦，男人負責工作賺錢養家，也許受制於經濟依賴，很多女人年輕時為了孩子，只好忍氣吞聲，但當孩子長大甚至成家搬離後，家裡剩下兩老，賺錢的男人已經退休，卻還要頤指氣使、囉哩叭嗦時，女性便越來越無法忍受而寧願離婚，分開生活。

台灣的情況也差不多，很多女性到了老年，寧願離開老伴去跟兒子住或女兒住，用自己剩餘的體力去照顧下一代，換取安頓也爭取自在。只是現在的年輕人也沒這麼歡迎與老人同住，何況婆媳問題一直是千百年來無法打破的隔閡，女兒能否接納媽媽還牽涉另一半的認同，一旦發生齟齬，那種處境的尷尬與為難，恐怕比起另一半更難過。因此，搞好兩老間的相處關係，還是比較好且重要的終老生活。

接納對方的價值觀

來自兩個不同家庭的人，即使因愛結合，也有某些落差需要靠磨合來消彌差距。老夫妻共同生活了大半輩子，您以為彼此就沒有落差了嗎？其實未必，只是互相清楚彼此的差距點罷了！

就以日常生活來說，一個喜歡出門到處走到處逛，另一個就喜歡宅在家哪兒也不去，如果各自尊重也就罷了，偏偏一個出門另一個就不高興，為了鼓勵另一半外出而盡量哄他同行，他卻一路上板著一張不耐煩的臉孔，遇到這樣的老伴，誰有耐心繼續配合？這是我一個親慼的故事，最後各玩各的，喜歡出門的繼續愛上哪上哪，不愛出門的就任由他在家宅他的，都老了要改變不容易，對這種堅持自己生活方式的人，最好的相處方式就是互相尊重吧。

不同的價值觀也是夫妻間最大的障礙，一個愛花錢一個省，一起買東西的時候光是不同價值觀的爭執，有時也會搞得不愉快。如果雙方各自有金錢能力，只要一方放手由對方作主，問題還不大，但如果只有一方是經濟提供者就不好說了，特別是當女性本身只是家庭主婦，所有收入都來自丈夫時，即使掌管家中經濟，花錢還是受拘束的。

我的鄰居太太當了一輩子家庭主婦沒上過班，雖然丈夫的錢都交由她管，可是她說自己從來沒敢自作主張買過一件自己想要的東西，家裡添置任何東西時，即使丈夫不一起去挑選，也要得到他的同意和認可。還好她的性情溫馴，服從是她的美德，過了幾十年的夫妻倒也相安無事。有些也是必須同丈夫伸手的朋友則有不同的對策，例如買東西以多報少或是悄悄買了含混過去等，因為金錢造成的不對等，有時也會覺得委屈吧？

我的個性不願這麼受制，自知出手大方又喜歡花錢，自己花不夠，偶爾還接濟娘家兄弟姊妹，根本不可能花丈夫的錢，也不想讓他不高興。我的做法是自己安頓好家庭後外出工作，四十年的婚姻生活還能做到家庭事業兩不誤，要不是窮則變、變則通，光是在有限的預算中打點，日子也會過得束手束腳的不自在。有娘家當靠山的女人當然不用煩惱花錢的問題，哪怕有一筆基金在手都有投資生財的機會，既然咱沒好後台，當然只好靠自己。

信不信一個生活了數十年的家，一旦清理起來，哪些該丟、哪些該留，都能讓兩個人面紅耳赤？四十年的婚姻中我一共搬過三次家，除了搬家時會清理出一些舊的、用不上的物件外，隨著孩子成長也會淘汰一些衣物用品，品質不錯的就轉送給需要又不嫌棄的人，便宜的、舊的當然就直接放入回收箱。對我而言，小孩的東西處理起來問題還不大，只要徵詢過他們，留下他們自己想留的東西外，其餘的清掉都沒關係，但只要是動到丈夫的東西就沒那麼好辦了，他那種惜物愛物的個性，我還真不知道該將他定位為美德還是怪僻，因為只要還能用的東西，即使是缺了角、少了腿、沒了蓋子的，他也會用拼湊的方式湊合著用，不丟也不換，他的口頭禪永遠是「物力維艱」。

穿過的衣服、用過的家具、工具、看過的書更不丟，雖然他的體重一直變化不大，但是過時的衣服就算能穿也不合潮流了吧？多年前用過的床墊、涼椅、保溫杯，不是沁滿了汗漬就是蒙上灰塵汙垢，早期印刷的許多書有的都翻得泛黃了，加上字又小，老花眼讀起來都吃力，何況再經典的書早就有更精緻的包裝與印刷，那些東西我認為完全沒有保留價值，他卻是念舊得很，說甚麼也不肯丟！

我曾經趁他不注意的時候把想丟的東西一一打包，悄悄放在陽台角落，結果被他發現又全數留了下來。就這樣我丟他撿的鬥法了幾次，反正搬一次家清一次，我丟一次他又撿一次，不管房子收拾得多整齊，永遠有些陳年舊物塞滿櫥櫃、角落以及每個他認為不礙事的空間。我們住的房子坪數都不大，經他這麼惜物的堆放，不但顯得擁擠，屋裡永遠都是些陳舊的擺設，多次爭執也沒有結論，只好學著視而不見。

上了年紀的人，生活中當然有許多過往的記憶和歲月的歷史，我認為留存在心底、在腦海就夠了，何必一定要抓在手裡作為追憶的憑藉？何況您所珍惜的未必是別人看重的，再多的美好過去就過去了，能增值的骨董、值錢的貴重物品，留點就可以了。年紀越大越要趁著自己能處理的時候處理掉，免得交到晚輩手裡時，檀香當爛材也不是不可能。

任何物品不管是喜歡的、難忘的、貴重的還是希罕的，有生之年擁有過、享受過就夠了，上了年紀最好還是做個整理，清理掉不值錢的雜物騰出空間，盤點出幾件有價值的留給子女當紀念，其他的不如自己打理、安排最好的去處，哪怕是換成錢，晚輩都會覺得實惠，留一堆自以為是的寶貝，在晚輩眼裡只不過是不值錢的普通東西，日後說不定根本不當回事照樣清理掉。

老伴不是唯一的出口

有的男人未退休前對所有家務從不插手，退休後無事可做便開始把家事當事業管理，雖然家務還是不做，但就是甚麼都要管、甚麼都要問，讓原本獨當一面的老婆做起事來處處受限。有些老太太煩透了退休丈夫的囉嗦而寧可外出，萬一兩個人的興趣不同，一個喜歡在家、一個喜歡出門去，如此循環的結果，長久之後兩人很可能無話可談。

日本很多老夫妻年輕的時候各司其職，即使丈夫囉嗦、愛管事，做妻子的還是選擇忍耐，但到了老年卻有人因為不想再被約束而選擇離婚。女性為了孩子、為了維護家庭的完整願意讓步、犧牲的想法，日本女性如此，中國女性現在也是如此，不離婚的有人選擇各自分開住，或是同住一室卻不相聞問的大有人在，都只為不想再忍受另一半的生活方式。尤其當兒女都已長大，覺得責任已了，不再需要照顧時，都想輕鬆自在的過清靜的日子，如果有一方還不覺醒，甚至變本加厲的囉嗦、挑剔，日子過得就更不愉快了。

夫妻能夠白頭偕老，該是多大的福報！想想從年輕一路走來，一起經歷生活的考驗、孩子的成長、各種酸甜苦辣、喜怒哀樂，老了卻無法堅持走完最後一哩路多麼可惜！如果年輕是忍讓，老了應該學習的便是體諒，讓日子過得平靜祥和，也是讓自己善終的修行。

我的父母幾乎是從年輕吵到老，從我懂事開始，耳朵裡聽到的永遠是他們彼此間的爭吵、謾罵、互相指責、抱怨，生活的壓力讓母親長期處於近乎歇斯底里的怨懟與憤恨中，她不快樂，也造成我們對婚姻的懷疑和價值觀的偏差。在那個年代，那樣的家庭氛圍下，我們當子女的沒有變壞還真是奇蹟！後來父親因為生病先走了，還好母親很堅強，但是她也嚐到了孤單老年的滋味。如果沒有過往的不愉快，她是否可以過得心平氣和些？我從不問她對父親的評價，這種感覺想必是她內心深處的祕密，只有她自己知道有多深多痛。

有些男人年輕時仗著體力好、財力足，便在妻子以外搞七捻三，哪怕有婚姻關係也照樣到處留情，有棄妻兒不顧的、有瞞著元配另組家庭的，破壞人倫、撕裂家庭關係，直到老了、病了、財盡人去了，便又想回歸原來的家庭，試想這樣的關係怎麼可能和諧？無論任何一方只要有過不忠而分裂，到了晚年再大的懺悔也彌補不了曾經被傷害的痛與恨，再寬厚的女人到了老年，也斷然無法再續前緣而寧願孤獨終老。所以沒有老伴的男人會想著找另一個女性來照顧自己，而沒有丈夫的女人卻因為可以輕鬆，而更不想讓男人成為自己的包袱。

我常覺得最美的風景是在路上看到老夫老妻挽手同行的背影，那種無聲的疼惜與呵護，與年輕戀人親密的摟抱是不同的意境，前者是歲月焠煉過的親情，後者是未知數的愛情，親情必含有愛與包容，愛情若只是某個年齡的表現，終歸是彩雲易散琉璃碎。

路上最美的風景，或許是老夫老妻挽手同行的背影。

電視劇裡出現的山盟海誓畫面，在現實生活中的存在率是極低的，不管是女人或男人，如果把自己的情感、期望都完全加諸在對方身上的話，只是一種愚昧的寄託，不僅形成壓力，也是絕對會落空的賭注。感情可以專注，行為必須獨立，生活可以互相關懷，作息最好各自方便，任何一方都不要像菟絲藤似的成為對方無法擺脫的牽絆，畢竟生活不是只有愛情，何況除了彼此，還有其他生命體共存。

養老院不是遺棄站

現在的家庭結構跟農業社會不同，以前老老小小一屋子三代同堂的組合很普遍，當年輕的主幹忙碌時，有老的可以幫忙看顧小的，等到老的病了也總有分擔的人手，但現在的小家庭，孩子從小送托兒所，長輩老了如果沒人照顧，往養老院送也是不得已的選擇。

畢竟年輕人需要工作為生活打拼，如果老人無法自理，總不能要求他們辭職在家照顧吧？短時間辛苦一陣，或許還能容忍，時間長了誰也吃不消。以如今的少子化情況推論，等他們長大當家時，老人問題勢必更加嚴重。

對一個健康的老人來說，如果生活還能自理，又幸運的還有老伴可以互相扶持，要不要去住養老院並沒有急迫性，但如果生活需要人照顧、甚至有病，卻沒有年輕人願意承擔，在沒時間、又沒能力照顧的情況下，送去有專業管理的地方其實是比較好的安排。

住養老院很少有自願的，多半是其他家人不得不的決定，這時老人也不必抗拒，認為被遺棄了，想想能夠減少年輕人的煩憂，減輕他們照顧的精神負擔，老人還是應該坦然接受。

自從開放外勞進口擔任家庭照護工作後，的確分擔了家有老、病、殘者的不少人力負擔，但是產生的問題也不少，例如勞雇雙方的適應問題，增加這個外人後的食宿問題、工資問題，都不是只要有人照顧長者問題就解決了。

其實身體出現障礙的長者如果選擇安養中心，反而可以得到專業照顧，行動自如的老人則可以選擇一些文康課程或活動，因為接觸的都是老人，相處起來容易理解也比較融洽。年輕晚輩有時間探視，大家就高高興興的歡聚一場，若他們無法前來也不要讓心情受影響，反正生活環境中大家都是獨居老人，時間比較容易打發。是否選擇養老院其實是心態問題，一旦自己生活起居都需要別人照顧的時候，心理上先接受事實，再建設自己健康正面的情緒管理，日子便可以過得輕鬆許多。

我記得丈夫在世時的最後五年，幾乎完全是躺在床上度過的，除了一口氣還在之外，他完全沒有任何意識。雖然在此之前他已經拖拖拉拉的病了十年，但一開始的情況還不那麼糟，那時他自己曾清楚表達過不願到安養院去。雖然後來病況嚴重了，但因為家裡一直有外勞照顧，所以子女也不同意把他送去安養中心。表面上看，他只是一個需要定時餵藥、餵飯、盥洗的病人，但是我的精神壓力一直是緊繃的，因為我不放心把他完全交給外勞，然後單獨自己旅遊、外出、應酬，事實上我還要工作上班，等於內外都要兼顧，一有狀況還得醫院家裡兩頭跑，精神負擔簡直繃到極點！後來在第三年我得到癌症的時候，我想病因中應該有一部分是情緒壓力造成的崩潰，如果我當時能下定決心把他送安養中心，也許我的精神和體力都可以得到紓解，也不至讓兩個人同時倒下，差點家破人亡。

當老人無法表達意願的時候，是否要送安養院，有時是受到部分家人的意見所左右，而那些把理由說得冠冕堂皇，看似善良孝順的人往往都不是真正出力照顧的人，只是口角春風表達自己的意見讓別人去做罷了！這種人偶爾探視、短暫停留、客氣話說幾句便離開，完全無法體會照顧者的處境和心情。加上一些外人的指點，或是其他家屬的意見，說三道四的提供他們的建議，對照顧者來說都是壓力。

遇到這種情形，照顧者應該表達出自己的狀況，除非有人願意接手，否則如果覺得自己無法再負荷，就應該下定決心把老人送去安養中心讓專業的人照顧。不要以不好意思、不敢講、不忍心的鄉愿思維，讓自己陷在情緒的暴風圈裡自虐。

我在想當年如果我果斷的把近乎植物人的丈夫送去安養中心，或許就不會把自己逼到心力交瘁的臨界點，正因為這種切身的經驗，我必須呼籲照顧者勇敢做自己想做的決定，而不是考慮別人的觀感。

也許我當年是為了不想在孩子的心目中留下「遺棄」的印象，才自苦於漫長歲月的煎熬，事實上對病人、對照顧者而言，都不見得是最好的處置方式。也因為這些經歷，讓我自覺到早作交代的重要，所以我不但申請了放棄急救的聲明，把不插管、不電擊、不搶救註記在我的健保卡內，也當著孩子的面告知，一旦自己無法自理時，直接送安養院不用為難，也在預立的遺囑上作完整的書面交代。

如果上了年紀的人都能早作好安排，一旦發生狀況時，便可以給自己和家人一個明確的執行方向，不成為別人的負擔，自己也才可以得到身心靈的自在。

伴侶、室友、家人

網路流傳這麼一段婚姻故事：有個女人不願意屈就自己格格不入的婚姻，寧可放棄高富帥的丈夫，離婚求去，而後選擇一個平庸卻處處以她為重的男人，因為她覺得一輩子很長，不想委屈自己將就的過下去。

一輩子長還是一段婚姻長？考量您看重的是甚麼。每對夫妻許下婚姻的當下，誰不憧憬未來的美好？事實上一段婚姻包含的條件不是只有愛情而已，兩個來自不同家庭的人要共同生活一輩子，需要彼此配合、遷就、容忍的不只是生活習慣、價值觀，甚至連一些小細節，所可能產生的齟齬、摩擦，都不是只憑著「愛」或忍讓，就能完全包容的。

如果不能改變對方與自己契合，長時間的遷就無論是誰，久了都會產生疲憊感，之所以還願意過下去，每個人的考量不同，值不值得在婚姻中腐蝕，每個人的比重也不同，女人主動要求離婚，按傳統評價是不容易被原諒的，何況還要承擔對孩子失職的歉疚、日後生活的謀生能力、還有世俗的壓力，要放下這一切顧忌，不只需要勇氣，還要靠運氣。

現代的女人都有自覺的能力，也勇於選擇，而且現在的社會看待離婚也有更多包容，讓離婚不再是罪惡，因此才有人覺得與其將就彼此、得過且過，不如讓有限的生命多些自主。中國人總說勸和不勸離，但如果婚姻到了連容忍都困難的地步，還勉強湊合的意義又何在？精神上的凌遲有時更甚於生活可能遇到的艱難，明知難過卻不離的考量，有的為了孩子、有的為面子、也有的是為了銀子，其實孩子會長大，他若心裡沒有妳，天天守著也不親；而面子是給別人看的，只要自己認為不重要，就可以不在乎別人的評論，自然就可以自在；至於銀子，只要肯幹，活兒總是有的，掙多掙少、辛不辛苦而已，想好後果就行，任何決定都要付出代價。

婚姻裡沒有對錯，只有合不合適，有人形容婚姻像穿鞋，合不合腳、舒不舒服只有自己知道，外人的置喙都是多餘。但婚姻絕對是賭注，不到最後誰都不知道是輸還是贏、是成功還是失敗，遇到的是良人還是狼人，這段婚姻究竟能善終還是無解，都是問號。婚前的誓言敵不過婚後的現實，這些現實包括生活習慣、行為模式，如果無法磨合、遷就，時間長了要不是麻木無感，就是一再忍耐累積成心中的抑鬱。

小時候住在眷村那種即使隔著牆，也能聽見隔壁家說話的房子，經常聽見夫妻吵架，吵的內容五花八門，有時吵得兇了，甚麼難聽話都有，還有砸東西的、動手打的，卻沒見到有誰家夫妻因此而離婚。人們都說夫妻沒有隔夜仇、床頭吵床尾和，其實很多夫妻的相處方式跟陌生人沒兩樣，雖然同住一個屋子卻沒有交集，有事就讓孩子去傳話，即便維持著婚姻，彼此卻視而不見，這樣的日子有何意義？爭吵過程中口不擇言的惡言惡語，會像利刃一樣成為無法修復的傷害，可是老一輩的女人都被教導要忍耐，只是這樣的忍耐算美德嗎？

其實理論跟實際是有距離的，過不下去的理由何其多，同樣一件事有人覺得可以接受，但也有人無法忍受，時間長了就成了無法補也不想補的裂口，一旦心冷了，情也就挽不回了，只靠單方面的維護並不公平。根據統計，現在每六對夫妻就有一對以離婚收場，比率如此之高，是現在的婚姻讓願意承擔的人少了，還是已婚者對覺醒更積極了呢？結婚沒有對錯，離婚同樣沒有對錯，願不願意接受或忍受，想通了就好！任何決定都有遺憾，差別只在對不起別人，還是對不起自己。

多年前我的一位好友因為丈夫在外跟別的女人搞曖昧，甚至為了對方離家，兩人幾度爭吵到不可開交而辦了離婚，在此之前兩人從戀愛到結婚，已共同生活了二十年，一旦分手，理由卻薄弱得讓人嘆息。有趣的是兩人雖然離了婚卻還住在同一個屋簷下，後來兒女慢慢大了，其中一個還在國外工作，他們雖然同住但是各居一室，她稱前夫為室友，各過各的生活，轉眼也過了十年。

去年她動手術住院，我去看她的時候發現她前夫也在場，聽說還幫她付了部分醫藥費，我問她是否合好、還原婚姻了，她淡淡的說老都老了還原幹嘛，只是以往的情人變家人罷了！或許年紀大了火氣小了，再說經過這麼多年的沉澱與冷靜，看待婚姻的角度也變寬了吧。現在很多已屆婚齡的男女都不想結婚，在日本還有很多老夫妻到了孩子長大後反而離婚的，想到婚姻路上一路行來的變數，如果讓我重新思考，說不定也會選擇不婚吧。

西方人因離婚容易而看似輕率，東方人則從小被灌輸從一而終，其實比較起來，西方人的婚姻觀才更理性也更人性，當情義不存在，只剩義務的時候，分開對雙方反而是解脫。向來愛得壯烈不稀奇，分得漂亮才是氣度，離婚對女人來說未必不幸，放手也許可以讓彼此的路更寬。

我還有一位工作成就非常傑出的女性朋友，與丈夫是戀愛結婚的，兩人也有孩子，婚姻生活平平淡淡，日子過得安安穩穩。丈夫盡職顧家，是那種與世無爭的類型，而她的才幹在職場上被讚賞，在外大展長才，丈夫也欣賞她、以她為傲，但是二十幾年下來兩人的成就越來越有距離，在家兩人無法交集，彼此的心靈越來越遠，內心深處的孤寂感讓她時時有著一個人過的念頭。但她是好女人，不想破壞這個家的完整，因為丈夫唯一的錯就是他沒有錯，她找不到離開的理由，也沒有分手的藉口，於是她只好讓自己完全埋首於工作，只要還回家，那個家便還是完整的，其實她心裡知道那只是個落腳的地方，丈夫於她只是「室友」。

婚姻有很多無奈和很多不得已，例如前述這位朋友，雖然沒有交集但還能和平共處，算是友善的了。另一位親戚則是從年輕就不斷的吵吵鬧鬧，不離婚的理由說是為了孩子、為了不想讓家庭破碎，而還就的過了大半輩子，如今老了還住在一起，卻當彼此是空氣，有話不是透過紙條傳達就是由子女轉告，有些事甚至是經由外人告知才知道，冷漠至此也算是心死了吧。

其實，婚姻也未必都這麼絕望，世間夫妻也未必都這麼無情，只是看多、聽多了負面的故事，難免讓人對婚姻沒信心，對感情不再相信，然而也有很多讓人羨慕的伴侶一起幸福終老。我的交遊不是很廣闊，但就以丈夫生前工作的單位來說，便都是一路走來的少年夫妻老來伴。昔日學術研究單位的薪俸不高，但是每家太太都能克勤克儉的把家打理得內外兼顧，孩子的品德學業就算不是頂尖，也都拿得出去評比，不管是只靠戶長的收入還是夫妻都上班，小日子都過得雖不富裕也還算安定。這些夫妻們從年輕一路走來，如今都退休了，靠著退休金生活挺悠閒的，各自有不同的安排過他們恬淡安逸的老年生活，雖沒有成就上的豐功偉業、揚名立萬的風頭，即便一生都平平淡淡安安穩穩，仍然是值得羨慕的歲月靜好。

有一對平日往來較多的夫妻，妻子一早傳簡訊告訴我他倆要出國一個月，到加拿大看孫子，每到寒暑假出國去兒子家小住已經是這對夫妻退休生活中的慣例，倆人差距十五歲的婚姻，在以前算是老夫少妻的，卻過了和睦的大半輩子，如今一個八十幾，一個七十多，還能互相扶持相濡以沫，老太太還有很好的體力照顧老先生的生活起居，而老先生自己也把身體保養得健健康康的，夫妻任何一方都沒有病痛還能行動自如，才能共享暮光餘暉的美好晚年。他們一路行來的婚姻，個中曲折外人無法窺探，但是老來能攜手共白頭卻是最好的婚姻範例，他們也是我最羨慕和景仰的一對，不管是到家裡來做客還是一起出去玩，每次看到他們牽手離去的背影，常常讓我感慨如果丈夫生前也能善自珍重，我的老年是否也有機會如此美好？

婚姻真的沒有絕對的規則，倆人是否匹配與其說是條件，不如說是兩人對婚姻的共識與認知，結婚是緣分，婚後都需要盡心力去維護扶持，能否修得白頭偕老雖人各有命，也依然是男女一生都期待的善果吧。

CHAPTER 3

一定要做的財務規畫

常言道：金錢不是萬能，沒錢卻是萬萬不能。金錢對生活來說很重要，對上了年紀的老人更是現實，當自己已經沒有生產能力賺取收入的時候，生活上依然有花錢的需要，即使無力支援子女的某些需求，也不能讓自己處於向子女伸手的處境，因為除了他們願不願意、還要考量他們有沒有能力。

如果只是生活上的開銷還好應付，但若還有病痛需要治療，或無法行動需要看護照顧的話，沒有錢是不行的，短時間或許子女還不至於不管不顧，但時間長了，他們是否還有心力就未必了，「久病床前無孝子」不是江湖傳說，而是活生生的現實。就算在此之前您把錢都分給了他們，自己手上若完全沒有積蓄的話，要想他們把錢還回來給您治病或照顧您，那是很難的。

從古以來，父母給子女和子女給父母是不一樣的，不能說世上都沒有反哺的子女，但有太多對父母棄之不顧的案例，值得老人們警惕。不要走到那一步才來驗證，而是要未雨綢繆管好自己能掌握的金錢，沒有錢就沒有尊嚴，對老人來說是事實。

當自己還年輕、還有工作能力的時候，即使奢侈、即使投資失誤、都還有能力東山再起，但是機會不會給老人，尤其當工作機會越來越少、體力日漸衰退的時候，就該警覺的做好老年生活的規畫，不管手上握有多少財力，可以讓自己不必向孩子伸手，把錢守好、管好，就算手頭寬裕，也不要急著分配，要知道給人容易，向別人伸手就難了。

老本比什麼都重要

每天早晨我去運動的公園裡，最近出現一個年輕人對著來來往往的人發傳單，他不像一般都在公園外出入口的地方，而是進到公園內，在人來人往的步道上，一張32開印著彩色圖片的廣告紙，賣的竟然是墓園、靈骨塔。

固然公園裡早起運動的，很多是上了年紀的老人，但就算對象正確，大清早的做這種推銷，這位年輕人要不是白目，就是為業績不擇手段了。雖說現代很多老人對這種事都已經很豁達，但要這麼實際的接觸，當下怕還沒那麼灑脱吧。

人老了、病了，都難免聯想到身後事，但除非他自己説，家人大都還是不敢也不便提的。應該什麼時候説？怎麼説？要看機緣、也靠智慧，總要自己願意講、別人樂意聽才行。

是人都免不了面對生死，其實死倒容易，自己就算不交代，只要眼睛一閉，大可隨人發落，簡單或隆重，哀思或草率，都是做給外人看的，死者哪裡能得到什麼？反而是老而未死，而且還得靠著子女過生活，那才艱難。

最近跟幾個朋友去參觀幾處老人安養中心，原因是其中有人受不了媳婦的悶氣，兒子又偏向老婆，在家都當她是空氣不聞不問，想想無趣，就想搬出去住，所以找大家陪她看養老院。一路上聽她絮絮叨叨的訴說年輕時守寡帶大一男兩女的辛酸，如今女兒有自己的家庭，有心也顧不了，想著兒子婚前跟她相依為命時的貼心，誰知娶妻後，對比昔日的相處，難怪她揪心的傷痛。更難過的是當初為了避免麻煩，雖然用的是她的錢買房子，卻是登記兒子的名字，如今讓她覺得像寄人籬下似的，才想著住養老院至少不必相對無言。

她的遭遇並不特別，上了年紀的人，身邊看多了、也聽多了這類故事，各家各院都有不同的版本。其他朋友一直勸她想開點、別衝動，說什麼搬出來容易搬回去難，還說即使不講話，至少見得著，萬一有病痛他們應該不至於不管不顧，到養老院等於是等死。

我並不這樣想，所以沒勸她，只問她手上有多少錢。不管年輕或年老，錢都是人的膽，有錢也許不是萬能，沒錢絕對萬事不能，別的不說，老人如果手上有錢，只要還拽在自己手裡就是一塊肥肉，年輕人就算不看重您，肯定不會忽視肥肉的存在，至於親熱的程度就看那塊肉有多少斤兩，是肉多還是骨頭多了。

還好我這朋友還留了點老本，但也不是很豐厚，因此對各家安養中心的收費、服務內容及各種條件比較得十分詳細，我也跟著留心，說不定有一天自己也用得著。有朋友還在力勸她放棄念頭，說那些接待人員雖然都說得很動聽，但是看看那些住院老人的神情，多麼寂寞孤單！其實這種地方不管住的是高價位的、還是普通層次的，都應該先做好心理建設，除了要耐得住冷清，還要懂得調劑生活、調整心情，既然來了就要過得開心，若還是自怨自艾肯定內心更糾結，即使眼睛耳朵清淨了，心情還是苦。

我是贊成住養老院的，不過前提是手上必須有足夠活到老死的本錢，別說如今社會少子化造成未來老無所養、無所終的情況絕對可能，有心無力的年輕人已然可以預見。婆媳問題本就牽扯，母女關係照樣不能指望。有一次在朋友家，看她女兒對她的那種態度，先是不耐煩的翻白眼，問話答得愛理不理的，完全不在乎我們都在場，面對這種女兒萬一朋友有病痛需要幫忙，我看還不如自己打一一九快些。

還有一個幫女兒做月子的朋友，女兒不是嫌她做的月子餐不好吃、就是說太油不健康，規定她幫小孩洗澡要戴口罩、抱孩子要先洗手，好像她沒生養過似的，怎麼做都不對，氣得跟我們一把眼淚一把鼻涕的說。想想女兒尚且如此，媳婦還不知該如何伺候？其實她自以為慈祥的愛就是最大的錯，兒女長大後有他們自己的想法和生活方式，未必完全移植您給他們的模式，過多的關心無異濫情，再親再好都要保持距離，他們不開口何必自己貼上去，若是他們不領情豈不自討沒趣？

向來當父母的都唯恐給孩子給得不夠多，寧可自己少吃，也不能讓孩子餓著，自己可以少穿少用，但孩子不能有匱乏，這種鄉愿父母普天下到處都是，可孩子給父母也如此嗎？那可未必，因為時空不同、因為環境變了、因為心裡衡量著還有更值得他去愛、去照顧的人，對父母的心也就淡了、冷了，即便有強勢的父母可以憑著某些條件或因素讓子女在身邊，背後還是少不了抱怨、嘀咕。有一次在工作中聽到年輕輩當媳婦的一邊收拾、一邊嚷著說：「我得趕快回去做飯，晚了我婆婆又要唸了！」或是：「跟公婆一起住真痲煩，想偷點懶都不行，感覺他們的眼睛都在後面盯著。」可見老人家都是不受歡迎的。

老人們總是互相提醒：顧好老本、老伴、老友，我認為這其中最重要的還是老本。因為有錢才能不求人，不用向兒女伸手才能活得有尊嚴，別說養老院住的等級可以高些、被照顧得周全舒服些，光是那筆保證金也能吸引孝子賢孫記得來探望，就怕您老萬一不高興把錢捐給了慈善機構。有一次聽到樓上鄰居的孩子頂嘴，對著老先生吼：「別以為你有點臭錢了不起，你就把錢摳到棺材裡去吧，我不靠你。」接著「砰」的一聲，摔門的聲音之大連我住樓下都聽得一清二楚！真有志氣，不過他大概忘了他也是被他口中的「臭錢」養大的。

人哪，說到底都有宿命，富貴貧賤、夫貴妻賢是命，子女爭氣、孝順是命，敗家忤逆、不賢不肖也是命，好命是福報，歹命是現世報，總之沒有命是完美的，有得意處就有遺憾處，得到多些就有得不到或失去的，平庸有平庸的唏噓，不凡有不凡的波濤，成敗得失看自己如何算計，日子怎麼過靠自己打算，我建議那朋友既然面臨的是不愉快又心寒的處境，幹嘛不揮袖而去？有人拉我衣角要我別開口，我說只要錢夠用，換成我寧願讓餘生過得自在些，當作責任已了，換個地方重新過生活有何不好，如果他們都可以不顧念親情，自己還在猶豫不捨甚麼？人在任何年齡、任何處境都要活得自在、走也要走得瀟灑，而「錢」永遠是最重要的護身符。

曾在網路上看過一則報導：一位高齡老太太長年住在郵輪上，她已經跟隨那艘郵輪環遊世界兩三圈了，人家問她為何不下船？她說在船上有吃有喝、還有不同的娛樂，每天可以見到不同的人，隨時可以跟他們聊天、說話，船上的服務人員永遠把她當客人照顧，每當郵輪停靠在不同的國家，就有車接送她下船去看不同國家的風景，生活起居全天有人照顧，即使生病了，船上也有醫院，算算花費跟住在高級養老院差不多，但是每天的生活可比養老院精采多了，她相信萬一有一天到她必須離開的時候，他們也會將她處理得很好的！

有這種想法跟安排真不錯，這麼開朗、豁達的銀髮生活值得學習、也讓人羨慕，不過先決條件仍然是必須有足夠支付開銷的錢，這也提醒上了年紀的人，要想活得有尊嚴、讓自己開心、別人不嫌棄，手上有錢非常重要，靠人給總是有限，花得也不踏實，人老了能圖個自在才是圓滿。

畢竟兒女有兒女的難處，他們有自己的家庭、子女，有另一份責任要承擔，有心無力或有力無心都是兩難。佛家說，父母子女是前世因緣的輪迴，孝順是來報恩的，不孝是來討債的，想開這點也就心平氣和了。他們不說的不要問，他們不願意聽的不要講，別人家有的咱不攀比，別人家的醜事跟咱無關，他們的孩子他們自己管，當爺爺奶奶的少說三道四。能不住一起最好，給彼此空間，放手天地寬，互相當朋友、當客人，才能好來好去，無論你家或我家，最終你我都是紅塵的過客。

施財要量力而為

前不久聽朋友轉述，她同學的媽媽本來住在安養中心，但手上還握有大筆錢，可是子女晚輩卻很少去看她，後來老媽媽發出一個通知，凡是每星期陪她出去吃飯的人、去看她的人，除了飯錢由她付之外，還每人給一千塊，搭高鐵或搭飛機來的，交通費也全部由她付。從此每個星期天都是家庭聚會日，子孫們搶著去看她、陪她吃飯聊天，出席熱絡得很！

乍聽到這種情節，我還以為是編的呢！朋友說本來他們同學會要聚餐的，就因為她同學要去陪老人家吃飯，他們一家四口如果不去就損失四千塊了，朋友說為了不擋這位同學的財路，大家還把聚餐時間改成她能參加的時間，我才知道原來還真有這種事。聽起來有點辛酸，想想經濟能力好的還能用金錢換取親情，沒錢的老人被冷落，豈不只能認命？

我的母親已經九十二歲，前年中風之後只能坐在輪椅上被照顧，不過復原得還不錯，除了右邊手腳不能動之外，腦筋、口齒都很清楚，本來每年的母親節、生日和過年，我們做子女的都會給她紅包，可是她生病後有人就不給了，理由是她不需要用錢。

年輕人也許不理解，其實錢對老人來說是安全感，即使用不著，但能抓著、看著，都能增加她的膽氣。雖然她可能轉手又發給晚輩的孫子，但她還是覺得自己有錢可用，是用她的錢發的紅包，如果因為老人年紀大了便免除這套左手收、右手給的流程，老人心裡的失落感會更大。

想她年輕的時候，家裡所有的經濟大權都在她的手裡發落，七個孩子的開銷是多少鈔票堆出來的，從她手中花出去的錢有多少，只因為老了、不管錢了、自己又沒老本，落得靠子女給點紅包都被取消，心裡應該會失落吧？只是嘴上不說而已。所以我提醒該給的還是要給，因為我也老了，漸漸能體會到伸手的難、沒錢的苦。

我和母親都是大手筆的人，手頭寬裕的時候買東西從不多考慮，想要就買，對家人也慷慨，能幫一定幫、能給一定給。母親早早就把房子賣掉，連存款也全分給她的兒子們，如今住的是她小兒子家，不能工作、沒有收入、又沒有存款的她，只靠每個月四千五百元的老人年金，雖然生活上她是不需要花錢，可是回想起年輕時候掌握經濟的榮景，如今只能在有限的資源裡盤算，心裡必然失落吧？

看到她的例子，我自己也開始警惕，錢再怎麼花、怎麼給，自己一定要留一點。她還算幸運的，雖然手上沒錢，但七個子女都還算孝順，我們還會照顧她，我到她這年紀會怎樣，現在無法預測，但我可沒七個子女可以賭。如果不想冒險，也避免萬一的窘境，我還是相信過來人的建議，務必給自己留點錢才好。

比較起來，我的另一個親戚就很會未雨綢繆了。六十歲退休後靠著四棟房子收租，子女不給她錢、也不能從她這裡取得一分一文，因為她認為將他們養大，就算責任了了，她的財產和錢都是她自己賺來的，怎麼花誰都無權干涉，所以她把生活安排得多采多姿，參加各種社團，上各種課，外加登山、旅遊、聚餐、唱歌，日子過得熱熱鬧鬧的，她的口頭禪是：我不靠人養，誰都無權批評我，我沒死前誰也別想分我一毛錢。這就是她的行事風格，值不值得效法？各人去評量。

有些父母在孩子長大、需要獨立生活的時候，無論創業或買房都盡可能提供一些資金幫助他們，由於每個人的經濟能力不同，能提供的幫助也不同，無論給多給少都無所謂，但是不能給到自己完全不剩。父母給孩子容易，孩子給父母就沒那麼乾脆了，畢竟還牽涉到另一個人的意見，與其因為錢搞得彼此不愉快，給的時候就量力而為，一旦給了就別指望要回來，金錢永遠是兩面刀，一來一往之間難免傷人，無論是親人還是外人。

保險真的保險嗎？

有一天在銀行辦事的時候，看見一名中年男子，非常殷勤的陪著一位大約七十歲的老太太辦理儲簿業務，中間等候的時間依稀聽到男子不斷的在跟老太太遊說保險的種種好處，原來是業務員在拉保險。

印象中，只要親戚朋友或熟人中，有從事保險業務的，就很難避免被要求幫忙，除了個人，有時連家人也被一併納入，有人礙於情面只好參加，有人則是對這樣的攻勢避之唯恐不及。

保險的用意是在自己健康平安的時候，投入一定額度的金錢，以防萬一遭遇意外時能夠得到保障，不過保障越大、投保的金額就越高，對投保者來說，可能很多都搞不清楚保單的具體內容，那些密密麻麻的條文更是很少有人逐條細讀，萬一保險員的專業知識有限，只是為了業績，而且只是短暫投入的話，其實未必能有很好的解說，投保者只是不斷繳費，直到期滿。有時當初的保險員離職，後面接手的再給您建議追加不足，以致保費越來越高，是否值得要搞清楚期滿能領回多少？中途生病或死亡，能否得到合理的賠償？而一旦解約，除了手續複雜不說，扣除各種解約折扣及手續費後，領到的金額往往比您交的少。

我的想法也許以偏概全，但我想跟大家分享我親身的例子：我三十五歲開始，每年交八萬多的保費，二十年期滿時已交了一百九十六萬多，但只領能回一百萬，其餘的每三年領回二十萬，也就是說萬一我活不到領回本金的話，剩下的錢就沒了，後來我得了癌症，但住院、開刀、治療卻完全沒有補償，因為我的保險項目不包含醫療險！所以我不認為保險是絕對的保障，購買保險前一定要搞清楚保單的內容和項目，而不只是應付人情。我現在手上還是有保單，但只保儲蓄險。

年輕人由於健康條件相對比較好，所以保費低，是可以好好規畫一張兼顧儲蓄與醫療的保單，否則若等到上了年紀才來投保，對得面臨較高的保費。萬一有過病史甚至會被拒保，像我現在就是被拒保的對象，因為我曾經得過癌症，所以無法再參加任何保險。

一般老人如果想投保，更需要好好規畫，除了衡量自己的健康狀況，也要考量自己的財力是否足夠承擔，畢竟老人的保費是比較高的，不妨找資深的專業人員，問清楚保單的範圍和內容，要不要保、怎麼保，多聽聽建議再決定。

公平分配少怨懟

做父母的，只要有兩個以上的孩子，就很難做到絕對的公平，因為有的孩子聰明、有的不夠靈活，有的嘴巴甜容易討好、有的嘴拙不善言辭，有的成就大賺得多、有的平庸賺得少，一旦想給孩子分配點甚麼，只要稍有失衡就會落下偏心的話語，萬一再加入他們另一半的枕邊風，老人家想一碗水端平就更難了。

從前的女兒是不能跟兄弟分家產的，所以做為女兒的都有自知之明，一旦家裡作財產分配的時候，雖然法律規定女兒必須簽署放棄聲明，但多數女兒都是無條件配合，做兄長的如果願意給個紅包或禮物都算是意外之財。但現在的時代不同了，不但法律保障同為子女的女兒們，許多女性也很懂得爭取權益，所以已經沒有只分配財產給兒子的事了。

只是有些父母還是有以兒子為重的心態，法律規定是一回事，只要想給就有辦法變通，例如用兒子的名義買房子、車子、股票，或先把各種有價物品過到兒子名下，等女兒們想分財產時已然空無一物，或者因為偏心某個孩子就多給，使得因此鬧得手足不合的案例時有所聞。

只要不是父母名下的財產，老實說就算明知，想爭也於法無據，但只要還是父母掛名的，怎麼分配？除了靠遺囑，還看自己養育的子女如何善了了，雖然老話說：「好男不吃分家飯、好女不穿嫁時衫」，可是子女怎麼想，其實不到分產是無法預測的，也因此在自己沒斷氣前，如果要給子女財產，除了公平公開的處理之外，給自己留間房、留點錢還是必要的。

我的鄰居朋友，先生走後留了筆錢和房產給她，她只有兩個女兒沒有兒子，女兒都已經結婚有各自的家庭，但是大女兒跟她一起住，二女兒在美國，所以她趁著自己意識還清楚、身體還健康的時候就先做分配，把目前住的房子註明在自己死後給大女兒，另外把等值的錢給二女兒，只要他們同意就不會有分配不公的爭議。

但同時她也明說了，這一切都要在她死後才能各自到手，所以她現在還可以安逸的住在家裡，手上的錢還是自在的花，同住的對她客客氣氣，還常常帶她出去吃、出去玩，住國外的也會每年回來看她，是我見過少數好福氣、又有智慧的老太太。

另一位朋友就沒這麼幸運了，同樣手上有不少資產，卻自以為慈祥的私底下作分配，兩個兒子一個女兒都各給了一幢房子，可是因為地點不同、坪數不同，分到的都覺得不公平，都覺得其他手足的比較好，所以也沒很感謝她。

而當媽的對孩子偏心是一定有的，兩個以上的孩子就難免有一個得到較多的關愛，何況她有三個，在她認為有的孩子賺得多經濟能力好所以不用給，有一個賺得少但是一向最得她歡心，所以就不時私下提供他金援。這種事一旦被發現，爭吵就會不斷，雖然她可以霸氣的說「我的錢愛給誰就給誰」，但埋下的怨懟永遠不會消失，導致覺得分得少的越來越疏遠，拿得多的也沒特別親近，幸好她自己還留了老本，不致沒吃沒住落得老景淒涼，偶爾約老朋友相聚，吃吃喝喝玩玩，三不五時提醒大家搞好分產，聽著未免有點悲涼。

花錢從心出發

一位本是靠著退休金生活的朋友，因為還有點積蓄，照說日子過得挺寬裕的，可是三個兒子陸續長大成家後，她為了不增加孩子的負擔，只要是大家出去玩或用餐，一律是她買單，平日若是到誰家去看孫子，也必定帶上禮物，所以她永遠是受歡迎的老人，因為她不需要向孩子伸手，所以兒子媳婦也很習慣她的作風。

後來二兒子先向她借錢買車，因為金額不大她就給了，而且還大方的說不用還；接著大兒子要開公司向她周轉，她同樣也是給了，也是說不用還；最後小兒子要買房子，同樣找上她，她當然也是給的。本來私底下各自支援也就罷了，偏偏孩子們無意間彼此知道了其他兄弟間不同的金額後，妯娌間開始有了計較，便不斷用不同的理由來找她要錢，當她意識到手上的錢漸漸減少，而覺悟不能繼續予取予求的時候，孩子們的反應是覺得她變小氣了，而且懷疑其他兄弟是否得到更多。

作為一個母親，滿足孩子的需求是她的本職，何況她的孩子都很優秀，各個成材，只是她忽略了在金錢的天秤下，自私是不分聰明和愚笨的。作為一個老人，量力而為是她必須堅持的原則，以往都是她給人，但當她有一天反過來伸手的時候，孩子們是否會像她給他們那樣給她卻是個問號，於是她開始節制花錢的方式和數量，開始調適因為金錢造成的親情冷淡與未來可能更尷尬的處境，同時領悟到朋友勸她的：錢，只有在自己手上才是自己的，即使親情骨肉，妳給他和他給妳絕對是兩回事。

這些來自別人的經驗和案例，對眾多的老人來說，是很好的借鏡，絕對值得記取。

CHAPTER 4

做好自我安排

我有位住在南部的親戚最近常來串門子，只要來台北就找我陪她逛街、吃飯，一日遊之後再搭國光號回家，也不借宿。起初我對她能這麼優閒有點詫異，因為她先生是躺在病床上好些年，整天都需要照顧的病人，我問她不在家時，先生怎麼辦？她輕描淡寫的說：「我已經把他送到安養院了。」原來如此，前些年一直都是她在照顧的，那時候她形容枯槁的樣子，對照現在的氣定神閒，印證了照顧病人真的可以讓人生活扭曲。我是過來人，當然能理解那種無奈和壓力，只是我沒她果決，那些年瞻前顧後的還差點搭上自己的健康，最後人沒康復，我也沒得到賢良的美名。

我問她家族沒意見嗎？她說：「有誰覺得送去安養院不好、不行、不忍心的，可以把他接過去照顧、帶回去養。」她的話糙理不糙，之前她照顧了四年從無幫手，家族也沒人提意見，既然改變不了現況，送他去有專業照顧的地方安置，讓自己往後的日子能正常作息，算絕、算狠嗎？就看您敢不敢做罷了。

「不離不棄、白頭偕老」是對婚姻的承諾與期許，結婚的當下誰不都如此信誓旦旦？殊不知漫漫婚姻路的變數何其多，生活中的大小事尚且可能導致分歧，事業、家庭之外的生、老、病、死在往後共度的時日裡，每一刻都是考驗。

短時間的變數要承擔很容易，有些狀況卻不是同心協力、共度難關那麼簡單，尤其當一方久病又恢復無期的時候，日復日、月復月的照顧卻看不到未來的無助會讓人窒息，長時間的心力交瘁也能讓人崩潰，或許有人可以無怨無悔，卻也不是旁人一句加油或鼓掌就能概括承受的。

她的孩子都有各自的事業和家庭，除了事發當初還有聞問之外，往後都是她獨力承擔所有照顧工作，必然是已經到了情緒的臨界點，才覺悟到與其無止盡的煎熬，不如跳脫出來讓自己有過下去的活路，外人的評論對她並不公平。

每次看到有人因為長期照顧病人，不堪負荷而情緒失控殺害病人或同歸於盡的報導，老實說我是抱持同情的，也許不人道，但是長時間積壓的情緒一旦決堤，瞬間爆發的衝動便是悲劇的燃點。發生這種事無論對病人還是加害者都是不幸，只是過不了這一關，該怪老天還是怪命運呢？

之前有新聞報導，一位知名的女作家為生病的丈夫該不該插管的問題與子女發生爭執，甚至撂話要把病人還給子女而引發衝突，就算是親生子女也可能有不同意見，何況是病人前妻的子女，難免醜話盡出，最後有沒有插管不得而知，病人是否已康復也未再見後續，但是萬一插管後只是延續病人的一口氣，不能恢復正常，甚至以後要長期臥床的時候，若由女作家繼續照顧是不是就叫有情有義，否則就是無情無義了呢？這個問題很難有滿意的答案，只是女作家想必已經預料到可能面臨的難題，而那些子女們還抱著奇蹟出現的賭注罷了！兩方都沒有錯，錯的是「萬一」之後的收場，他們都忘了情義二字始終是人性最糾結的矛盾。

我這名親戚安置病人後，給自己安排了各種活動，上老人大學、登山、旅遊、練瑜伽，每天都有不同的去處，沒活動的時候就一個人關起門來愛吃吃、愛睡睡，想動就收拾屋子、打掃清潔，不想動就躺著看電視、滑手機，完全不理會親友間的議論、孩子們的質疑，如此的淡定與堅持，老實說需要魄力。

長久以來我們不都是活在別人的標準裡，演出外人眼中的情義與善良嗎？結果除了讓自己心力交瘁，並改變不了事實，對病人的意義何在？她只是不想讓自己未來的日子過得悲苦絕望，拒絕用情義的框架禁錮自己也已經不年輕的生命，這樣的選擇需要勇氣。她用不妥協替自己爭取仰望藍天白雲的空間，對與錯同樣沒有答案！其實每次逛街她很少消費，吃飯也都是些便宜的開銷，搭車用的是老人半價票，一日往返只是換個不同的地方打發時間，或許她眉宇間的輕鬆，正是她想要的自在吧。

我們常以「縱然無情，也要有義」來自我規範，又直接把「義」認知為良心，以為心安就成全「義」了，情和義應該是等號嗎？試想情不在了，單方面的義豈不自欺欺人？她寧願省吃儉用把退休金拿去付安養院的費用，也不想讓自己的餘暉歲月綑綁在一個已經無望的生命上。至於兒女怎麼想、外人怎麼看，說穿了全在自己的心態，要在乎，便是如影隨形的千夫所指，若不在乎就能不看、不聽，為自己活還是為別人活，所謂情義不過是一念之間。

不癡不聾不做家翁

唐代宗李豫的女兒昇平公主，嫁給名將郭子儀的兒子郭曖為妻，公主脾氣大，常常對郭曖頤指氣使，郭曖不吃她那一套，有一天兩人又因為小事吵架，公主大發雷霆，郭曖一怒之下吼她說：「妳還不是仗著妳老子是皇帝，有甚麼了不起，我老子還不想當皇帝呢。」於是公主就跑回家向皇帝老子告狀，代宗聽了呵呵一笑說：「他說的沒錯啊，如果他老子當了皇帝，妳還是公主嗎？」後來郭子儀聽說兒子出言不當闖了禍，就把兒子綑綁起來，跪送到皇帝面前領罪，沒想到代宗扶起郭子儀說：「不癡不聾、不做家翁」，並沒有怪罪女婿。這句話的意思是說當家長的不要過問兒女的家務事，就算看見、聽見了也要裝聾作啞。

唐代宗留下了一個很好的典範，這句成語正是教導後世為人父母的，要用平常心看待兒女親家生活上的齟齬、摩擦。試想，如果當長輩的仗著位高權重，想為女兒出氣豈不是很容易，但是後果呢？說不定因此讓裂縫變得更大甚至難以收拾，如果不是存心想拆散他們，雙方家長都不要插手的好。

然而，婆媳問題向來是婚姻的絆腳石，只要有強勢的長輩，不管是婆婆還是丈母娘，便是年輕夫妻苦難的源頭，如果又住在一起，那每天的相處更是考驗了。有的婆婆可能年輕時也吃過自己婆婆的苦頭，等自己熬成婆了，便也如法炮製，百般挑剔，本身受過高等教育的婆婆，修理媳婦的方式也許不那麼粗糙，但如果是言辭犀利的語言傷害，同樣讓人受不了。當然現代的媳婦也早已不是傳統印象中的受氣包了，高學歷、高收入的更是見多識廣，如果不甘忍氣吞聲，就算婆婆再精明能幹，兩個女人的戰爭還是沒完沒了。

不管是從網路看到的案例，還是身邊聽到、看到的婆媳問題，可說是形形色色、無奇不有。一位外省女孩嫁入客家人的家庭當媳婦，婆婆有省籍偏見，認定外省女孩就是不懂得勤儉持家，她規定兩人賺的錢都要交給她保管，因為都住在一起，所以家裡的支出由婆婆處理，想買任何東西，不管是夫妻自己用的還是小孩用的，一律要得到婆婆的許可才可以買。此外她即使是上班族，也要負責家裡所有的家務，搞得她處處受限苦不堪言，偶有抱怨，婆婆居然說：「媳婦是花錢娶進來的，不是平白得到的，既然嫁進來當然要聽話，不聽話以後還想分財產？」剛開始媳婦只能聽話照辦，時間長了磨擦便漸漸出現，試想如果婆婆抱著這種心態，媳婦會貼心嗎？何況現在的媳婦也早就不是從前那種唯命是從的了。因此當媳婦自己有足夠的經濟能力之後，立刻慫恿丈夫買房子搬出去住，除了過年，平常就以上班太忙沒時間為理由不去婆家，去了也匆匆離開，搞成這樣誰是贏家？換個角度想，如果是自己的女兒嫁到別人家受到這種待遇，您心裡怎麼想？就如同當媳婦的心裡也不願意娘家的母親遇上厲害的媳婦一樣，將心比心是婆婆和媳婦都應該學的一門功課啊！

不要被親情綁架

每個父母在孩子小的時候，不管自己的條件是貧、是富、是貴、是賤，都會盡最大的能力養育照顧他們，也許每個人成長過程得到的精神或物質的條件不同，父母愛顧子女的心都是絕對的。但父母也是凡人，孩子如果覺得被偏心了或是短缺了，也不該成為不孝的理由，傳統倫理都教導為人子女「天下無不是的父母」，但是長大後與父母疏離、親情淡薄的實例並不少見。

如果老人覺得自己付出了那麼多，卻得不到對等的回報，被冷落產生的怨懟其實是親情無形的綁架。何況在子女各自成家，有了他們自己的下一代需要照顧的時候，對老人的關愛必然無法週全，這是絕對的、也是必然的，老人本身必須理解也應該體諒，才能維持彼此的和諧關係。有老伴的可以互相扶持，孤身一人的如果與晚輩同住更要學會調整自己的心態，順應他們的生活。

父母子女間的關係，在他們長大成人之後，不管結不結婚都應該作個階段性的切割，讓他們有自己的空間和他們選擇的生活方式，即使親如父母，孩子大了就只能當朋友看待，而不是分身。給他們的關心或金錢要量力而為，需要他們給自己的同樣要隨緣，能得到是您教得好、他們的天性仁孝，得不到那是自己的福德不足，無論如何都要心情平和的過日子，這是老人應有的智慧。

老實說，成為您的子女並不是他們的選擇，既然是父母造成的血緣，養育教育本來就是應該的責任，卻不是我們可以據此要求回報的憑藉。當他們有能力自己生活時，任何成就都要靠他們個人自己去面對，即便父母給過任何協助，也是您自願的付出，他們要不要回饋那是他們自己的判斷，無所謂孝與不孝，該或不該。

而婆媳問題更是親情混淆的迷思，您以為兒子是您生養的，所以嫁給您兒子的媳婦也等於是您的親人，所以應該孝順您、侍奉您？別忘了她跟您毫無血緣關係，您也沒養育過她，要不要對您好得看她願不願意！她在乎的是您的兒子和孫子，而不是您老人家，說白了，她不欠您甚麼，當兒女的同樣可以不欠父母甚麼。

把孩子養大、讓他們可以獨立生活、開創他們的人生後，父母的責任就算了了，還要不要繼續給錢、給愛、給關懷也要量力而為，因為您給的未必都是他想要的，何況您同樣也不再欠他們甚麼。

父母子女間的緣分有多長、多好，每個人的福報不同，有忤逆不孝的子女，也有貼心孝順的，在分開之前大家能和平共處，日後還能噓寒問暖便已是功德圓滿。兒女對父母不會完全不管不顧，只是照顧的程度不同而已，只要老人不苛求不抱怨、不刁難，彼此多體諒，他們好過，您也就好過了。

不要成為家人的負擔

朋友傳了一封網路上的文章給我，作者是一位北大才女，寫了有關父母子女的見解，開頭就說她敬重的父母是當兒女幼小時，給予無微不至的照顧和無私的愛，讓孩子無所缺的長大，供應孩子的所有需求，而當孩子長大了，又懂得適時的退出，不成為孩子的負擔與牽掛。

天下的父母不都是這樣的嗎？可是父母也有老了、病了的時候，這位才女只說了父母該如何成全子女，卻沒說子女該如何回報父母，難道只有父母默默退出、自生自滅的終老，才合乎讓她敬重的標準？她念北大也許是真，誰封她是才女卻讓人質疑，至少我對這個孩子這麼傲慢無情的言論不以為然。

曾經在大陸的電視轉播上看過一個女孩，對著汶川大地震時一名被壓重傷的老婦，冷漠的說：「妳怎麼不去死啊？這樣遭罪的活著，還不拖累妳孩子啊？」姑且不說對非親人的傷者無情，有些對自己的至親言行刻薄的，在現今社會也不罕見，我住的這棟樓就經常聽見有一戶兒子怒罵他母親的聲音，口氣之兇辣，簡直像在對付仇人。

我有位親戚最近被驗出得了癌症，丈夫早走了，只有兩個已經成年的女兒，從診斷、開刀、住院、化療，女兒們都沒陪過，照顧更別提了，兩個女兒一個以還在上班又有嬰幼兒需要照顧作為理由，另一個教書的明明是暑假，仍然以身在南部、要兼暑期輔導和家教課，無法照顧，偶爾來探視一下，停留幾小時便急著離開，即使在病房裡也是不停滑手機，如此行為真不知如何為人師表？就算有親友願意幫忙，也該有個請託或道謝吧，全無，一切理所當然似的。

都說女兒是父母的小棉襖，貼心、溫暖。這種女兒或許有，可惜我身邊沒看到。有位朋友剛住院開刀不久，女兒來看她時，跟她聊的第一句話居然是提醒她趕快把家裡的錢先公平的分配一下，免得以後姊妹扯不清，當下讓她覺得傷口都沒心口疼。

包括我自己在內，身邊的朋友雖非大富大貴，手頭的寬裕也只是些辛苦積攢的家底，到這年紀，都栽培完孩子成家立業了，雖不必靠孩子接濟生活，也只是自給自足、不必向孩子伸手而已。一旦他們要買房子或是有大筆開銷需要週轉或贊助時，只要開口，大都是能幫就幫，能給就給，兒女們哪怕心口不一的說點好話、哄哄開心，父母都會心滿意足的，偏偏連這點很多兒女都珍惜得很，難怪如今收到同齡朋友傳來的手機訊息，都是提醒善待自己、顧好健康的警語，想必是看多了、聽多了，果真是：「什麼都能有、不能有病，什麼都可以沒有、不能沒有錢」。

俗話說久病床前無孝子，短時間的小病痛，被照顧不難，但若時間長了又好不了的病，就算有心也無力。這時人性的考驗開始浮現，幸運的花錢請外勞照顧慢慢熬日子，萬一沒錢還要伸手，才是艱難！都說我這輩的人是孝順的最後一代，卻是不被孝順的第一代，親情的冷漠即便沒有病痛也可以為錢翻臉，像紅樓夢的榮國府那種大戶人家、簪纓門第，尚有子女認為賈母偏心，庶民百姓人家認為父母不公、手足鬩牆的故事就更多了，難怪有：「痴心父母古來多、孝順子孫誰見了」之嘆，有時在醫院看到各家子女們的眾生百態，有些更是格外現實無情。

鄰居有位獨居的老太太，平日看她輕鬆自在，總是一早就到菜場閒逛閒晃，卻沒見她怎麼買東西，見面總是笑瞇瞇的打招呼，到了假日，她不同的兒子媳婦便帶著孫子輪流來看她，然後一大家子人帶著老太太出去用餐，吃完飯再把她送回來然後離開。有一次周末又在菜場遇見她，奇怪怎麼沒有要出門吃飯的樣子，以為她要買菜在家做飯，老太太淡然的說：「做不動啦，吃完還要收拾，他們拍拍屁股走了，我得整理半天，還要吃剩菜。」我說：「是啊，出去吃方便，您省事嘛。」老太太撇撇嘴說：「出去吃都是我付錢啊。」接著又說：「付錢還有人願意跟你吃飯，不付錢等著去要飯吧。」心情盡在不言中，好心酸的感慨。

家家都有本難念的經，每個老人都有不同的故事，萬一遇到的是人情涼薄，親情冷漠的世道，老人要學著適應。子女孝順是福報，他們冷落您也別揪心，彼此體諒、互不為難，記取別人的案例，自己給自己鋪陳好老來的最後一段路，只有自己輕鬆了，別人才自在，自己瀟灑了，別人才沒有負擔，如此塵緣方得圓滿。

有一次在朋友家作客，她已經出嫁的女兒回來，一進門就說：「你們家怎麼這麼熱鬧，在樓下就聽見聲音了。」清楚了嗎？「你們家」，很多嫁出去的女兒都這樣稱呼娘家的，換成媳婦的說法就是「你媽家」或「你爸家」了，在他們心目中，他們自己的家才是他的家，搬出去前的家只是「娘」的家罷了。孩子稱「你們家」也許只是口頭禪，畢竟離家的孩子即使回到老家也已看成是別人家，只是當下聽著有點感觸，不過聽多也就習慣了。

在孩子還需要依賴的年紀，即使有爭執，關係還是緊密的，即使未嫁娶前就出現過摩擦，終究還有點血脈牽連，可一旦各自有了伴侶、有了自己的家，跟父母的親密便漸行漸遠，這是必然的，也是必需的。沒有孩子願意被當媽寶，要孩子永遠在身邊不可能，要他們永遠順從更不可能，除非有不能離開的因素，否則都要有孩子早晚會離開的心理準備，牽掛太多，對自己或孩子都是負擔，聽過愛會讓人窒息嗎？父母自以為是的愛，在孩子看來有時反而是束縛、壓力。

父母難為，不是現在才有的名詞，從小到大的照顧，給少了怕他缺、給多了怕他噎，說少了怕他不懂、說多了怕他記不住，無論金錢、物質，能給的一定給，自己省吃儉用，哪怕有一丁點財產也要留給他們，這是中國父母普遍的教養方式。比起西方國家，孩子十八歲以後就自立了，開始打工賺錢錢安排自己的生活，父母老了去住養老院也不覺得被遺棄，照樣開開心心過日子，大家禮尚往來，看似冷漠，實則彼此尊重。而中國的父母始終將孩子看成自己生命的分身，巴不得永遠留在身邊，哪怕成家了，還是心心念念放不下，讓衍生出來的婆媳問題、財產分配問題、老病的照顧問題，把人性撕裂得面目全非，這樣的糾葛只是親情的綁架罷了。

要知道孩子是另一個生命的個體，父母有的都是子女的，子女有的是他們孩子的，父母的家是他們的家，他們的家未必是父母的家，就算房子是你買的，孩子有父母家的鑰匙很正常，隨時可以進出，父母就算有孩子家的鑰匙，別以為想去就隨時可以去，自己孩子不講話，不表示他的另一半沒意見，別忘了您的孩子已經是另一個人的丈夫或妻子了。

孩子大了只能當朋友，別以為他是您養大的就一定理解您的想法，說不定您想給的，還未必是他想要的，這世上除了錢之外，沒有一樣東西是共通的，就算是子女，他的價值觀也未必跟您一樣。

何必一定要按部就班

在我還是小孩的那個年代，不管生活規範或習俗禮儀，都是以父母的指示為準則，社會風氣也有一個規範，例如過年、過節的習俗雖有不同，大都還是傳承依規的，比如包粽子就一定是自己包，蒸年糕也會在各家廚房自己蒸，所有流程雖然麻煩，也還是按部就班的學著做。等到自己成為長輩後，忽然發現現在的年輕人已經不與我們那套模式了，整個社會氛圍也有他們的做法與看法，如果還要倚老賣老的要求傳承甚麼文化、甚麼家規習俗，只會格格不入。

就以年節來說，現在年輕輩的方式時興的是端午節春吶、中秋節烤肉、過年出國玩，就算留在家的，不是到飯店吃年夜飯就是訂購年菜，婆婆媽媽完全可以不用下廚，連以前到了過年例行要大掃除的清潔工作也沒那麼講究了，平常維護得好的，不過年也窗明几淨的，何需這會兒才忙著清掃收拾？何況大年下正是人力吃緊的時段，要想找幫手都不容易，就算有點髒，訪客都是自家人，自己不在意就行。拜年就更免了，手機上現成的配圖只需動動手指頭，瞬間遠近親疏、親朋好友、同事鄰居、新交舊識，一指搞定所有問候，如此方便的科技，讓現代人的日子過得輕鬆又安逸，只是省略了繁文縟節的同時，難免也退化了人情往來的趣味。

每次過年前都有朋友要我陪她們逛迪化街，這裡是南北貨的批發市集，每家店鋪雖然賣的貨品不同，但都是堆得滿滿的，店裡擺不夠，連走道也塞得寸步難行，一片物阜民豐的盛世榮景，來來往往的人潮在這裡擠兌出年味來，不管買不買，也只有這樣的地方還能感染些過年的氣氛。不過東西看多了還是難免心動，雖然如今人口少，平常缺甚麼，附近菜場、雜貨店買買也足以應付，但到了這裡忽然發現能買的還真多，再想節制最終還是兩手提滿，如此滿載而歸的架勢終於有點採購年貨的快感，也不算無動於衷了。

我輩的友人跟我都是婆婆奶奶輩的人，都曾經歷以前過年那種裡外都要忙碌張羅、事事上下都得打點的過程，如今雖然退居二線還是有人閒不住，一邊嘮叨女兒、媳婦擔心她們準備得不周全，什麼都買雙份，提累了又嘮叨，一旦年輕人不接受她自作主張替她們準備的東西，心裡又覺得受傷，過不了多久準能聽到各種抱怨的牢騷，同樣的事重複的做，同樣的不愉快重複的發生，就是悟不透裝聾作啞的智慧！年年都是年前陪她們買辦，年後聽她們吐苦水，一直以來過年都是勞心勞力、花錢又耗力氣的事，只是我們年輕的時候被別人嘀咕，年紀大了嘀咕別人，婆媳問題永遠無解，過年永遠是當媳婦者的夢魘。

還好自從智慧型手機普及之後，回家過年的壓力倒是變小了，反正大大小小都是人手一機，那些來自手機的各種資訊、遊戲，肯定比聊家常來得有趣。以前只要人多就免不了的擁擠、吵鬧，如今都安靜得很，除了吃飯、除了剛學步的幼兒之外，一個個都是進門就玩、放下筷子更玩，手機成了現代人的精神寄託和依靠，不見面用手機傳遞問候，見了面又各自滑手機，電視雖然開著，但是演甚麼沒人看，偶爾插句話，應答的也是心不在焉，連頭都沒抬一下。老太婆收拾完廚房，看著無奈、坐著無聊只好打盹，忽然耳邊一句：「媽，您休息吧！」一群人又走了。

上了年紀的人有時會更嚮往一個人生活的自在，因為年輕人永遠跟老人的作息不同，他們只要假日就有安排不完的活動，同住一屋其實彼此更像室友，現在能跟孩子和平共處，都算是幸運的了。

有朋友總說一個人獨處很寂寞、無聊，我倒不覺得，也不羨慕她們那樣忙著買、趕著做，累得老骨頭散架還嘔氣！子孫滿堂固然熱鬧，衍生的閒氣也不少，女兒有婆家要應付，兒子媳婦巴不得應完卯閃人好安排自己的活動，我們老人要是不通氣，硬要敘家常、問長問短，自己不嫌累別人可嫌煩了！所以最完美的相處是一頓飯的時間，最友善的距離是半天的功夫，女兒嫁了、兒子娶了，就不能再當自家女兒兒子看，那是別人的老婆、人家的丈夫，只能當客人，只有不多話、不過問、裝聾作啞、睜隻眼、閉隻眼，親情才延續得長久。

有需求他們自然會開口，錢再多不必急著給，自己缺甚麼他們願意幫自然會幫，重要的是自己要有獨處的能力和樂觀的心態。父母跟子女的塵緣不及他們跟另一半的時間長久，他們才是一個完整的圓，自己的半圓別去瓜分他們的，這樣才能成就彼此的圓滿。

其實現在的年輕人對年節的概念是越來越淡了，上了年紀的我們必須順應這樣的改變，不想跟長輩住是很多當媳婦者共同的心聲，如果我們自己的女兒嫁到別人家去也會有這種想法，我們就該體諒自己媳婦不願一起住的心情，而是否參與家族活動靠的是他們的自覺，否則人到心不到，彼此心裡還是不愉快。

我一位親戚的公婆都過世了，每年掃墓妯娌間就鬧意見，剛開始是大房主導，二房三房配合，後來大房提議輪流，二房說乾脆分開各自拜，大房離老家近，每年還是按例祭拜，其他兩房從不見回來，小姑去問的時候，二房說他在自己家裡拜了，到底拜了沒誰也沒看見，三房直接說他們每年都有對著天拜，大房連續幾年後火大了，既然大家都從簡，她也不拜了。

另一個朋友的媳婦更有意思，住的是透天厝，祖宗牌位在三樓，每次拜拜都要將供品端到三樓去，拜完再端下來。媳婦中永遠有人忙有人閒，閒的人反正只要作作樣子也沒事，忙的人永遠吃力不討好。其中一個年年打理最多的媳婦端供品時在樓梯間滑了一跤，其他妯娌也只是口頭問問，還是沒人幫忙！後來她生氣了，就想了個辦法直接把供品放在一樓，然後大聲朝三樓的牌位說：「東西都準備好了，請諸位神明下來享用！」當下引起婆婆的錯愕，繼而是大家哄堂大笑，結果以後居然就照這種模式處理，算是反抗成功、一勞永逸了。

其實掃墓也好，祭祖也好，都是一份心意，當長輩的不必一定要年輕人按自己的方式達到自己要求的模式，他們願意拜在哪裡拜都一樣，要是不想拜，您百年之後難道還管得了他們必須遵守嗎？就像上面那三個媳婦，她們不想拜誰又能強制她們呢？所以想開了，就不覺得拜與不拜有那麼重要了。

吃好吃飽未必要吃貴

朋友夫妻假日來訪，聊了一會兒剛好接近午餐時間，他們本來要走的，但我留他們用膳，其實我並沒有預先準備豐盛的大餐招待，而只是我平日一個人的時候吃的簡餐，因為不麻煩，所以他們不會有負擔，也就沒推辭。

我的待客餐其實很簡單，先找出雞骨熬高湯，再放入本來就是小條狀的白年糕，另外加點肉絲和青菜，如此煮出三碗湯糕，便是我們三個老人的午餐。年糕軟爛不費牙勁，當天用的青菜是黃金娃娃菜，非常甜嫩，加上湯汁清爽，大家都吃飽了，也吃得也很開心，最重要是不會覺得增加了我的麻煩，飯後簡單收拾便又繼續喝茶聊天。有時我到朋友家做客，我也希望對方如此簡單款待就好，這樣的自在隨緣才是我們老人的生活步調。

我們當然也花得起錢出去吃好的、貴的，只需某個理由或念頭，誰的心情好或不好，都隨時可以相約到某個飯店或餐廳吃一頓，輪流請客或大家分攤都無所謂，老人有的是錢和時間，吃一頓的花費一般也都花得起，只要避開尖峰時間，就可以慢慢吃慢慢聊，等吃飽、喝足、也聊夠了，便各自回家。

這些都是老人們平日的生活步調，而相聚的對象包括老朋友、老同學、老同事、或者是一起上課的、運動的、跳舞的、登山的，總之只要願意走入人群，每天都可以讓各種活動把生活填補得歡樂滿滿。吃，對老人來說只是其中的一個節奏，雖不可缺，卻不是最重要的。

上了年紀的人如果因為有某些疾病，例如糖尿病、腎臟病或經由醫生囑咐必須節制的飲食之外，一般正常的吃喝都是可豐可儉的。

有位獨居的朋友平常吃得很簡單，也不怎麼花錢，有一天經過一家高級的魚翅鮑魚專賣店，想起丈夫在世的時候每年的結婚紀念日或她（他）生日的時候，都會到這家餐廳很奢侈的吃一客昂貴但很精緻的魚翅和鮑魚，互相分享不同內容的口味，自從丈夫離開後，她已經很多年沒再吃過了。當下也許是觸動了年輕時光的美好回憶，便自己進去買了一份要價六千六百元的魚翅回家吃。算算距離上次吃它已經是二十年前的事了，魚翅的價格也已經從當年的八百元上漲了數倍，當然自己的年紀也比當年增加許多。她一個人慢慢的吃著，咀嚼間往日的種種又一幕幕的掠過腦海、在心底梳理一遍，畢竟已經時間久遠，無從比較眼前的滋味是否還跟當年相似，好不好吃都只是追憶時光的雪泥鴻爪而已，卻也沒為花了這筆餐費而懊惱，至少在吃的當下，也同時回味了一路走來五味雜陳的滋味，隨興、隨緣，往往是最容易觸動老人追憶往日時光的一根弦。

上了年紀的人只要三餐定時定量，吃甚麼、怎麼吃、吃多少，其實自己習慣就好、方便就好，現在的人其實不太容易有營養不良的問題，但如果因為獨自吃飯就隨便吃或者不吃，那才是有礙健康。現在的年輕女孩為了維護身材，動不動以節食為達標的手段，只要聽說吃甚麼能瘦身馬上仿效，其實只要有恆心倒也不難，但是上了年紀的人就不適合為了瘦身而減肥了，因為老人的肌肉比較沒有彈性，胖一點還能讓皮膚豐潤有光澤，一旦減肥即使維持了身材，但是肌肉鬆垮反而更容易增加皺紋。畢竟上了年紀之後新陳代謝變慢了，年輕時很快就能消耗的熱量，老人卻比較慢，所以要維持苗條比較難，一般常說的福態，其實只要不是過胖，也可以當作是另一種美。

讓晚輩習慣沒有您的日子

當我的孩子還小的時候，我從來不敢放心一個人出國旅遊，因為我擔心自己不在的時候，他們會因為少了我的照顧而生活秩序大亂，即使不得已必須出遠門，也會不斷以電話遙控，出門前做足各種準備，出門後隨時叮嚀。我自以為盡責，多年後我才知道他們一點也不覺得是我的母愛，反而是無形的監控，讓他們感到極度的被約束，小時候不敢反抗，等到長大上了大學，兩個小孩都找理由爭取住校，因為這樣就可以脫離我的管束，我也才知道之前我不在家的時候，他們其實才最快樂。

我自己可能是因為排行老大的緣故，從小父母交代的工作不只要照顧好弟妹，還有各種家務要分擔，只要我有一項沒做好，不但會受到工作忙碌的父母責備，事後我還是得把工作完成，因此從小養成的責任心讓我對甚麼人都想盡心，做甚麼事都想盡力，不知不覺中也會用自己的標準去對別人要求，其實對別人是壓力，自己也不會因此得到更多的認同，真正吃力不討好。

讓我漸漸覺悟的另一個原因，是不只一次發現我要求的跟他們做的完全兩回事，要不是口頭答應然後照他們的方式做，就是聽完都當耳邊風，包括買給他們的東西收了也不穿不用，讓我最意外的是在我被診斷出得了癌症生病的時候，我還擔心萬一自己死了這個家怎麼辦？他們未來的日子怎麼辦？事實上他們並沒有如我想的露出慌亂的神情，反而是鎮定又冷靜，因為在他們心目中我不但是強人，還是個不需要別人擔心的人，他們相信我絕對有能力處理，原來長時間的強勢作為，我已然成為他們心目中不倒不敗的巨人。

在工作上也一樣，當年生病的時候，我先在最短的時間內安排好所有工作，並交代萬一時的應變措施，員工們只是靜靜的聽著，沒有驚慌也沒有特別的情緒反應，反而是我在擔心緊張。而後自己靜靜的去接受治療，直到恢復上班，他們都像不曾發生過甚麼似的，好像我在與不在都不會影響他們工作的節奏。之前正常上班的時候我都是在公司午餐，也會請同事一起分享，即使外出的時候也會把飯菜準備好，讓他們加熱就可以吃，這個常態因我生病不在而中斷了，而後又再回到公司，午餐又每天照常新鮮供應的時候，他們的反應依然淡定，甚至看不出有和以前有何不同，不禁讓我反省是我給得太多，還是我想得太多？那種淡定讓我有點錯愕，真不知道是他們已經習以為常，還是可有可無，看來不管是對親人還是對友人，我顯然都需要重新調整自己的心態。

我們常因為愛一個人而恨不得傾其所有的給予對方，例如父母對子女，總認為他們是自己生命的分身，所以從不吝嗇付出，盡可能地替他們規畫、提醒與防範可能遇到的傷害與挫折，他們不做的便急著幫他做，做不好的、做壞的便幫他善後，讓他以為天下無難事，甚麼困難都有人幫他解決。有的孩子可能因此被寵成弱智，有的孩子恨不得逃離，無論任何結果都是傷感的，其實夫妻也好、子女也好，放手才能讓彼此有伸展的空間。

老闆看待員工也是，你以為處處為他們設想是最周到的照顧，其實你給的未必是他想要的，一旦出現摩擦，他們的冷漠便是最直接的反應，因此讓他們習慣沒有依賴的相處方式，是必須修正的。

後來，我慢慢試著在平常和孩子聊天的時候，改用輕描淡寫的語氣把一些想說的話，包括該讓他們知道的家中事物、財務，以及生活經驗講給他們聽，同時把自己的想法當建議跟他們聊，也許當下他們未必同意我的想法，日後也可能有他們自己的做法，但我已經學著不去求證和過問，畢竟他們有他們的人生要去經歷，我的想法再好也無法替他們承擔未來會遇到的任何問題，對一些看不慣的、想說、想管的盡量避口不說，他們做錯的、做壞的、不做的，也由他們自己去處理，只有讓他們自己去接受後果才能讓他們記取經驗，明知道行不通也必須讓他們自己去試、去面對，畢竟我無法照顧他們一輩子。

對員工我開始要求他們自己去處理錯誤，而不再事事幫他們善後，畢竟我也總有退休的時候，他們在我這裡受到的保護，有一天到了別處未必是相同的處境。例如一直以來我都包容他們工作上的所有失誤，甚至概括接收發生的損失，自己氣得要死，他們未必當回事，也不覺得我的寬宥是恩惠。改用放手的方式，讓他們全程自己決斷，任何結果自己負責，成王敗寇、適者生存本來就是職場的鍛鍊，自不自信，都該讓他們自己面對。如果我依舊一直在旁指手劃腳，就算每次收爛攤擦屁股，還是無法幫助他們覺悟，對待員工同樣需要理智而不是鄉愿式的姑息。

CHAPTER 5

瀟灑走一回

人一輩子，看似漫長其實悠忽即過，有人的一生功過，由歷史公斷，而更多的普羅眾生輪迴了一世的旅程，最後對自己的成敗得失，到老了是欣慰還是遺憾？是得意還是懊惱？各人心中一把秤，也許自己也算不清楚、想不明白，總之精明的過了、糊塗的也過了。

做人、做事很難盡如人意，最終能無愧於心，便是此生最大的修行，圓不圓滿終歸黃粱一夢。這輩子遇到的好人、壞人、恩人、仇人，下輩子都不會再見，所以不必記掛；欠人家的、人家欠的，說不定不知不覺中已經結清，因此無須計較；得到的、失去的，也許本就該得的和不該得的，所以不用在意；再愛的人也只有一世的塵緣，再恨的也必將過去，除了自己，世間的人事物都是生命的過客。人老了都該學著忘記與放下，讓所有愛恨嗔癡塵歸塵、土歸土。

苦過、窮過，樂過、富過，不論三餐不繼、還是日日珍饈，從土厝茅廬到鬧市豪宅，從粗衫布裙到錦衣華服，人生難免起起伏伏，成就總有高高低低，如果好好壞壞都遇過，酸甜苦辣都嚐過，如此豐富的生命史便是精彩，相較別人的順風順水，無法比也不必比，那又怎樣？最後的歸途誰都是一樣的終點，何不在到站下車前，讓最後一段旅程心平氣和？也要記得給自己拍拍手。

自己決定如何歸去

走在巷子裡時看到一個滿令人難過的畫面，一位推著輪椅、看起來也不年輕的婦人，把輪椅停靠在路邊，壓低聲音對著輪椅上的男人又罵又吼的，期間還往身上推幾把，經過時聞到一股排泄物的臭味，彎下腰的婦人漲紅了臉用蓋著腿的薄毯往輪椅的兩側塞，顯然是要暫時先摀住味道再回去處理吧，因為接下來便看到她推起輪椅快步離去，嘴裡還不停的叨唸，擦身經過時，我瞄到輪椅上那個男人茫然的表情，看來是個無法自理的病人，女人那般氣急敗壞的怒罵，讓路人更同情病人，而對她投以怒視的眼光。

早上看報時讀到一則新聞說：有位長期照顧病人家屬的警察，因為不堪長期壓力而上吊身亡了，這樣的事不是經常發生嗎？那些需要長期照護的病人，其實也會讓照顧者的愛心和耐心隨著時間而消耗殆盡。所謂的心力交瘁，沒經歷過的人無法體會，不只是精神和體力的銷蝕，如果還有經濟上的壓力，最後難免照顧者自殺的有之、弄死病患的有之、弄死病患再自己自殺的有之，這種悲哀的結局，已然是心力的崩潰，再親密的家人，即便有豐厚的的愛心、寬大的包容也是有限的，當這些因素逐漸減弱、磨損時，面對無法改變的事實與不知何時是盡頭的無望，對病人是凌遲，對照顧者又何嘗不是折磨？

我家戶長曾經臥床十年，加上之前五年的時好時壞，整整十五年的時間，讓我長期處於緊繃甚至歇斯底里的狀態，每天在外要應付工作上的問題，回家還要面對各種突發狀況，再深厚的感情基礎也會慢慢掏空。當付出的體諒與忍耐因為不斷透支而無力時，那種萬念俱灰、筋疲力盡的心情，不是外人幾句無關痛癢的慰問，和讚美能幹、堅強的風涼話所能撫平的。我大約有七八年的時間不敢讓客人到家裡來，因為病人後期隨時可能出現的脫序和屋子裡長期瀰漫的藥味、體味和屎尿味，會讓人不知所措而尷尬。直到我罹癌後的第三年他走了，我如今雖還活著，也已然是半條命的半殘之身，代價夠大吧？

我平日到菜場採買時，經常光顧一家活魚攤，夫妻倆一同經營，生意非常好，後來總是看不到老闆娘出現，即使年節最忙的時候也沒看到她，雖然他們的孩子會在假日時來幫忙，可能是不熟悉的緣故，那些孩子們總是笨手笨腳的，以致老闆必須獨自又秤魚、又殺魚的忙活。有一次見到老闆娘出現的時候，跟她聊起來才知道是家裡老人生病了，問她為什麼不請人照顧？她說一直都請有外勞，但是老人家仍然要求各房媳婦們必須輪流在身邊陪伴，以致一個月有一半以上的時間都得回南部老家去，話語中充滿了無奈和兩邊跑的疲累。

另一位工作上的朋友則是因為長媳身分，雖然也請了外勞照顧長年生病的婆婆，但由於老人家脾氣大，動不動就打罵外勞，導致只要外勞被打跑或罵跑，她就得放下工作去醫院伺候，而她的小姑們即使沒上班也只是回來看看就走，完全置身事外，卻盯著她有沒有照顧好婆婆，她說已經被折騰得每次開會都不知所云了。

有些病人會因為疼痛、不舒服而鬧情緒，固然值得同情、應該體諒，但遇到不消停的病人，也足以把照顧的人整慘，鬧點小脾氣還好，一不高興就罵人、摔東西，動不動尋死覓活的，真能把人整到抓狂。

我朋友的父親就是這樣，全身都不能動了，就剩嘴巴還靈活、頭腦也還清楚，一不舒服或不開心，就把吃進去的藥或餐用噴的吐出來，首當其衝的是照顧他的母親，他們假日回去替手也經常被吼得眼淚直流而不敢吭聲，氣得她媽幾次哭喊著說一起去死好了。這樣的場景不知在多少病人的家裡經常上演著，只是各個病況不同、反應不一樣罷了。

長期照護是最現實的情義考驗，更是財力、體力與心力的拔河，當旁人不斷提醒要多體諒、要將心比心，專家告誡該如何輕鬆面對的同時，如果菩薩能聽見祈禱，多麼希望能治的早日康復，不能治的就讓他平安歸去。生病本來就辛苦，但只要能治，苦難都有過去的時候，忍耐都是指日可待的，怕的是遙遙無期又每況愈下，如果生病是上天的一個玩笑，那麼康復便是促狹，沉疴就是劫數了！誰都不知道每個結果的解答是什麼，面對需要智慧，失望也必須承擔，長病只能等待死亡，這樣說或許消極，一味遷就也只是鄉愿吧。

每天下午，公園裡總是聚集著大批的輪椅族，推動輪椅的大都是來自異國的幫傭，輪椅上的病人多數是目光呆滯、神情落寞的長者，幫傭推他們出來活動的同時，也成了他們族群的聚會，互相打著招呼，用他們的家鄉語言聊家常、交換聽聞，說說笑笑，老人們則被安放在輪椅上，面無表情的遊移著目光四處張望，或是兀自打盹。短暫的戶外活動與其說是讓病人運動，毋寧說是外勞的放封時間，讓他們的異鄉生活找一個發洩的管道，也讓機械式的工作得到暫時的舒緩。

這還必須是病人的情況較好的，若被照顧者只能臥床不能起身、更不能外出的，她們的生活就更枯燥、更辛苦了，因為除了照顧病人大都還肩負其他家事工作。病人能被好好照顧是福報，幫傭能被體恤是幸運，主僕間的情緣，來自病人無可奈何的長病，直到歸去才是句點，這條路有多長，只有天知道。

有幾次在急診室和加護病房看到全身插滿管線的病人，那痛苦的呻吟聽起來真是令人不忍，聽護士說有些病人家屬就是堅持救治，明知無效也不肯簽放棄書，聽起來好像對病人不捨，其實這樣的折磨，除了延長病人那口氣之外，對病情毫無幫助，卻誰也不願承擔說不的罪名，這到底是對病人的慈悲還是殘忍呢？如果病人可以自己選擇，應該不會願意受這種罪吧？正因為那些畫面留下的印象，讓我決定在自己還健康清醒的時候簽下不插管、不氣切、不電擊的放棄急救聲明，並且鍵入健保卡內，免得萬一碰上那種情況時讓子女為難。

病，尤其是長病，不該是生命的詛咒，而是要更多的體諒與同情，而照顧者，不管是誰，同樣需要協助與鼓勵，我滿同情那位老婦的，因為我了解她的每一天都跟病人一樣都是折磨。

身外物早做處理

每次到母親家，我都有大清倉的衝動，因為每個可以放置物品的空間，幾乎都塞滿了她說還有用，其實早該丟棄的雜物，其中包括廣告傳單、購物紙袋、空瓶罐、舊報紙。她總說傳單摺成紙盒，吃飯的時候可以用來裝骨頭、菜渣；漂亮的紙袋留著，送禮的時候裝禮物提出去比較好看；用過的空瓶罐用來裝自己醃的小菜方便送人；舊報紙則是用來墊桌面的，可以防止熱鍋燙傷、餐具刮傷……總之都有她的理由。

事實上，摺的那些紙盒一年也用不完，其次，現在只有別人送禮給她，根本不需要她找紙袋提禮物，至於瓶瓶罐罐小的太小、大的太大，她也早就不醃漬什麼小菜了，那些瓶罐送人都未必有人要，可她就是要留著，明明有餐墊，她還不放心，非要先鋪一層報紙不可，以至桌面經常烙下些油墨痕漬，加上她那些歷史悠久，早就不穿的過時衣物，要不是我常趁她不注意時偷偷丟掉一些，她那屋子簡直像資源回收站。

我不知道上了年紀的人是不是都這麼珍惜手邊看得到、拿得著的東西，朋友們的老父母很多也有這種毛病，只是收藏各有不同，也都是不准丟、不准清理的。或許只能等他們更老一些，當記憶逐漸褪色之後才會慢慢忘記那些東西吧，而當他們連手邊的東西都不記得、甚至不認得的時候，又衰老得讓人擔憂了。所以我現在乾脆都不丟她的東西了，想想一個九十幾歲的老人，如此樂此不疲的收藏那些東西，還能清楚的告訴我那些瓶罐怎麼來的，換個角度看，老太太這麼健康也是我們當兒女的福氣。

大概是看煩了母親那種什麼都不丟，把房子越住越小的印象，我一點也不想遺傳她惜物的美德，早早就覺悟到與其什麼都堆著，日後讓兒女去丟，還不如自動自發趁著耳聰目明的時候自己收拾，所以我超捨得丟東西。您看啊，料子再好的衣服，不流行了還穿就是怪，價格再貴的東西捨不得用，放了幾年也沒那麼希罕了，因此每隔些時候就打包出一些東西，送人的送人，回收的回收，如此房子越來越寬敞，不是坪數大了，是東西少了。

一些退休朋友修身養性之餘，老傳些悟道的真理，救贖我這暫時還不能退不能休的老人，說什麼要「活在當下、把握眼前」「看淡、放空」「捨得、放下」聽起來很灑脫，其實呢，沒一個想得開、看得透。每次聚會都能聽見誰還保留著三四十年前的老照片、舊包包、筆記本、各種卡片，還有發福多年的女同志秀出年輕時的洋裝、旗袍，證明自己曾經瘦小蠻腰的身材，有的人家裡到處都是歷史悠久的老東西，每件東西又都能說出一段歷史而捨不得丟、不願意換，如此珍惜故舊的典範，我只能甘拜下風。

而我向來是往事如煙，什麼人事物過了就忘，從來也留不住什麼值得珍藏的物件，典型深度不夠、底蘊不足、膚淺無比的行徑，喜歡的不超過三個月，珍惜的也長不過三年，尤其一場大病之後，更覺得人生如虛幻泡影，一旦倒下，什麼也帶不走，所謂永恆只是個口頭禪罷了。

我一直認為老後的生活簡單、自在就好，沒什麼開銷了，包括衣物都可以不用再買，沒想人發胖還真是身不由己，吃藥造成的副作用，讓身體像吹了氣似的，連喝水都能長肉，於是又有理由買新的來綴飾。可既然買了新的，當然必須清掉舊的，反正留著既不可能穿，也穿不下，對於衣服更覺得只要曾經擁有，不必永久持有，買來就要穿，小了就該換，捨不得才是跟自己過不去。別以為有女兒、媳婦，人家就會接收您自以為的好東西，至少在咱家沒這種認同感。

我家戶長剛退休的時候，有錢有閒有腳力，最大的樂趣就是逛古董買古董，自以為行家掏寶，買了不知多少他以為的珍奇寶物，從開元天寶到康熙乾隆，花瓶、硯台、擺件、字畫，到處都是。那時候電視台還沒有寶物鑑定的節目，否則我看他的庫存夠他三不五時去亮相的。每天拿著放大鏡東看西看煞有其事，連我這沒見識的都不相信那些東西有真的，還說要留給孩子當傳家寶，提醒日後缺錢了拿去賣肯定增值，其實沒一個孩子有興趣！

他生病的時候我將那些東西收拾了六大箱放在地下室，他走後我去找那些賣古董給他的商家，願意把東西半價賣回給他們，竟然沒一個願意收，可想而知全是矇人的假文物，後來地下室鬧跳蚤，大樓公告要各家清除廢棄物品，好全面消毒，我看都懶得看全部讓清潔公司運走，誰有興趣誰撿去繼續做夢吧。

東西的價值，除了買價，其他都是個人的幻想、旁人的吹噓，您要覺得值，它就是心目中的寶，覺得不值，不是不識貨，就是無緣吧。戶長以前總說我這人沒歷史感，我的年紀不就是歷史？只是每個人記憶的內容不同罷了，自己的歷史偶爾口述讓家人聽聽就夠了，非要具體用物件讓別人接收記憶，年輕晚輩未必有興趣。

我朋友說他家有一個匣子裡面裝著她父母親年輕時的照片、早年的幾枚銀元、紀念幣、她爸當兵時的徽章，還有一些字蹟都暈開的家書、派令，最誇張的是還有綁腿，說這些都是傳家寶，一定要留傳給後代子孫當紀念，還好她有哥哥，理所當然由他保管，可她嫂嫂、侄兒女誰也沒興趣。現在的年輕人，除非留的是地契、存摺、股票、興許還有點吸引力，歷史？省省吧。

我媽很喜歡用蒲扇搧涼，前幾年忽然自己找來蒲葉一支支裁好再縫上布邊，然後每個人發一支，說是用來搧風特別涼快，她都不想現在家家都有冷氣，況且想搧風還不會開電風扇嗎？我妹她們拿到馬上就說不想要，我弟妹則是趁她不注意故意落下根本不帶回去，我倒是留下了，一則很輕，再則不占空間，也許這真是母親唯一留給我的傳家寶了。

我常勸上了年紀的朋友，趁著自己還耳聰目明的時候，把家當好好清理清理，能換錢的就賣掉換成錢，不能賣的有人要就送，沒人要就丟，別以為自己留下的都是歲月的精華，在別人眼裡可未必！

我年輕的時候非常喜歡買東西、愛花錢，不管吃的穿的用的，對甚麼都有興趣，想要的東西不但要有、要好、還要多，自己置辦還不夠，家人、朋友，只要覺得適合就一起分享，明明不是大戶，出手倒像土豪，如此累積下來不少東西。慢慢年紀大了，購物的興頭才緩下來，因為再好的、再貴的東西都買過、用過，現在反而不會再有消費的衝動。

趁著自己還能作主，將不再用的東西打包，回收的回收，送人的送人。

對於身邊喜歡購物的年輕晚輩，我也不勸阻，反正年齡到了、不想買了自然會停止，只提醒她要買就買好的，因為好東西不會過時，也不會貶值，所以我現在即使把一些早年買的精品送人也沒有違和感，經常收拾些還不錯的東西送給喜歡卻不捨得買的人，讓物得其所，也算是將那些物件做最好的安排，至少能讓它風華再現，總比放在櫃子裡不聞不問的好。

在最好的年華，做過最瘋狂的消費，享受得到的滿足，如今過盡千帆的淡定，只因體驗過購物的快感，才有不為所動的冷靜。

所有上了年紀的人，家中必然有不少自己從年輕一路積攢下來的物件，除了金銀珠寶不會因為時間而貶值之外，所有穿的、用的，都會因為科技進步、不斷推陳出新，而讓原來以為珍貴的東西受到淘汰而變得不值錢。

所以我對於眼下新買的東西，絕對馬上吃、馬上穿、馬上用，否則質料再好、價格再貴的衣服、包包，過季不流行了再穿再用就是不好看，或者自己胖了、瘦了，再漂亮的衣服就是穿不上，倒不如整理出來送人或回收。不能用的東西，就趕快清掉，只有捨得才能讓空間清爽寬闊，否則等自己走了，其他人未必如您看重這些東西。

不過對於衣服送給熟人或朋友這件事，除非他們主動要，否則千萬別以為是好東西就可以當禮物送，因為每個人的喜愛不同、品味也不同，對於別人送的物品未必樂意接受，反而造成困擾。

預立遺囑很重要

中國人向來忌諱談死，上了年紀的人更不願意面對早晚總有一天的事實，有的拖到不得已的時候才草草交代，有的根本來不及或含糊其詞的說不清楚，沒有交代，只能任由別人處理，但即便沒有遺產沒有債務，人生一輩子也總有要交代的人、事、物，能做個清楚的了結，能讓自己不留遺憾，讓幫您善後的人有所依循，這是長者必須做的最後贈禮。

我先生病了十五年，除了最後的五年完全失智失能之外，其實在他思維還清楚的時候，完全有充裕的時間可以使用文字或口頭做很完整的交代，可是他開始時不寫不說，到後來失智的時候已經無法寫也無法說，因此直到他離去，一個字、一句話也沒留下，所以他的後事我只能用自己想的方式去處理。他固然無法再抗爭或回應，而我始終擔待著忐忑。

他有多少財務，我除了去國稅局列印清單外，其他的一概不知，留下的收集哪些是有價的、那些是有保存價值的，我也不清楚，反正現金我是一元錢也沒發現，留下的書、郵票、名酒、還有一堆真假難辨的骨董，有些能賣的賣掉、能送的送掉，破損陳舊的全扔掉，如果他神靈有知，也許不會同意我的處理方式，但是他沒有隻字片語交代，我只能按自己的方式處理。

不是我無情，實在是東西太多、房子太小，別說我了，就連子女也未必有興趣對著那些主人已經不在的舊東西追思懷念，最後的處理方式也許對他對我都是遺憾吧。

我自己在十年前得到癌症的時候，做的第一件事就是寫遺囑，因為我不知道接下來會發生甚麼事，萬一自己無法健康的回來，我必須把自己經手的事物、財務做一個完整清楚的交代，即使後來我康復了，那份遺囑我依然保留著，畢竟人除了健康還有意外，一直以來我的處境都是沒有親友可以託付的，萬一我不在了，必須讓子女知道怎麼處理、面對，同時表達我對自己身後事的選擇，活著的時候清楚、死了也不要含糊，這是我對自己的堅持與要求。

無論是來自媒體的報導還是聽過看過的案例，有太多的長輩走後因為沒有留下遺囑，而導致家人爭執不睦。別以為遺囑是財產多的有錢人才需要，平常人家哪怕只是片瓦寸土，子孫要爭還是有得吵，走的人兩眼一閉固然可以不聞不問，但如果因為他們的爭執導致入土難安，怕也不是自己所樂見，因此最好的方法當然就是預立遺囑。

家大業大的人，遺囑牽涉最大的是財產分配，怎麼公平分配或是有私心偏愛給誰多點少點，除了留下字據之外，最好還要經過公證才能確保法律效力，一般小戶人家有兩個見證人簽字就可以了，不過要想死後不給活著的人造成困擾，公平、公開、公正絕對是最好的做法。

我有一位朋友只有一位女兒，已經結婚生子，她自己讀書不多，平常就很依賴一直與她同住的女兒與女婿，尤其是跟文件有關的處理。丈夫過世要申報遺產的時候，女兒建議直接把父親名下的房子、證券、股票全部改到自己名下，省得以後還要再課一次稅。她擔心日後一無所有萬一被遺棄將老無所依，畢竟女婿是外人，平常全家已經是住家裡、吃家裡了，她手上有錢還可以支付開銷，若都交到他們手上，變成得向他們要錢怕不容易，但是又不知如何開口堅持，既怕因此跟女兒一家不愉快，又擔心一旦連配偶可得遺產的二分之一都保不住，被女兒的一勞永逸說所說服。朋友有勸她不要過戶的，有勸他過一半的，她自己一直猶豫不決，本來想就這麼一個女兒，等自己走了一切還是會歸她，但如果這次就都過在她名下，雖然省了日後的麻煩，但是想到女婿的虎視眈眈，又放心不下。

有一天晚上睡不著，半夜起來翻看丈夫的舊物時，意外發現丈夫留了一份遺囑在櫃子裡，裡面關於財產的部分寫明全部留給她，不得過戶女兒，雖然她當下交了二百多萬的遺產稅，雖然女兒女婿看過遺囑後不太開心，卻是她執行的最好理由，看來她丈夫早已替她防範了過戶後一無所有的可能情況，雖然日後她的所有還是屬於女兒的，但至少她生前保住了財產，也就保住不用伸手的尊嚴。

別以為所有女兒都是貼心的小寶貝，天下忤逆絕情的女兒還是有，之前就曾看過一篇報導說有位老歌星本來靠著年輕時攢下的錢過日子的，結果女兒女婿不但騙光她的積蓄，還把她的房子賣了然後不知去向，害她落得老景淒涼。當然不是說所有子女都可能不孝，但是聽來的看來的前車之鑑，老人們還是三思吧。

何必強占一丘土

我的父親過世已經三十幾年了，早在他生病期期間，就曾說過萬一他死了絕對不可以火葬，所以他的墓地至今還在。母親上了年紀，慢慢老邁之後，也曾經有意無意的說人死了還拿去燒太可憐、太殘忍了，這是暗示我們她走了也要土葬。

但是，三四十年前找個公墓土葬也許還不困難，但如今可沒那麼容易，有規畫的墓園價格不便宜，一般公墓早已人滿為患，上哪去找一處好的墓地？老實說對我們當子女的來說是負擔也是壓力，家庭聚會時偶爾有兄弟姊妹有意無意間把話題引到這方面去探試她，她還是堅決的說人死了還用火燒太殘忍、太沒良心了，大家立刻閉嘴把話題引開，看來她百年之後的大事如何處理，將是我們最大的難題。

我丈夫多年前離開時，由於他從未對這個問題表達過意見，所以我用的是火葬，然後把骨灰安放在金山一處墓園的靈骨塔裡，那裡有專人管理，週邊風景清幽、環境整潔，讓他在品質不錯的地方安息，我想萬一以後子女無法祭拜，他也不會孤魂無依，但我當時卻是花了很大一筆錢安置的，算是為他做的最後一件事。

但是，如果我也到了這麼一天必須離去的時候，我一點也不想這麼麻煩複雜，我只要最簡單、最快速的方式處理就好，不要告別式、不要塔位、骨灰用樹葬就好，以後子女也不用祭拜，我把這些都寫在遺囑裡，免得子女猶豫，也不用猜測，彼此心安。

中國人有風水之說，活人住的房子便講究方位、擺設，希望藉由好風水使家運亨通、升官發財、事業騰達，死了的更要講究風水，務必要葬在龍脈寶地，好庇佑子孫個個賢達、福祚綿延，因此財力好的無不花大錢請專人尋找龍穴，讓後世子孫的富貴榮華代代相傳。

若按此推論，歷代君王將相、達官顯要、富商巨賈，他們豈不比一般庶民、寒門更有能力請到高手專家，幫他們覓得風水最好的墓地嗎？如此高官厚爵永遠代代相傳，帝王之家便永遠世代君王，一般沒有好風水的就永遠無出頭之日了？可是看看歷史，哪裡有永遠的君王、永恆的富貴？活著時能過得平安順遂比計較死後怎麼埋重要吧？對父母盡孝更應該在他們活著的時候，一旦離開，任何儀式都是做給外人看的，對死人毫無意義，再說子孫自有子孫福，他們的功名成就、富貴榮華應該靠他們自己努力去爭取，世代賢能要靠後人的努力，至於風水之說就不要太迷信了吧。

隨風而逝

《紅樓夢》一書中的賈寶玉感慨世事的無常，想到所有的美好歡愉最終都將消失幻滅，便在一次聚會中有感而發的說：「我希望死後姊妹們的眼淚能匯成一條河，把我的屍體漂送到遙遠的地方，然後化作一縷輕煙隨風散去。」紅樓夢寫盡了豪門貴族的起落與滄桑，也描述了許多人物的死亡、離去，包括賈寶玉的出家，卻沒寫到他最終是如何離世的，但我相信絕不會如他所願的隨風而逝那麼浪漫。

人無法選擇如何來到這個世界、出生在甚麼樣的家庭、經歷怎樣的人生，同樣無法預知何時離開、用甚麼方式結束，但能夠在自己還清醒的時候做好安排，一旦離開時讓別人用自己滿意的方式送行，那便是最瀟灑的善終了。

人在離開的時候，都無法自己作任何決定、任何選擇的，即便生前作過交代，也要靠執行者尊重遺願才能落實，如果他們還是要用自己的想法去處理，往生者又能奈何？尤其一些有社會地位的名人、要人、富人的喪禮，有時想簡單了事也不可能，但是過於鋪張只不過是滿足活人所謂的面子而已，人走了任何哀榮都感受不到，再多的祭拜都只是儀式，有些大陣仗的隊伍搞得鑼鼓喧天、還沿街播放音樂哭喪、甚至有歌舞女郎和不同造型的送喪者，固然是想對死者表達心意，但是死者真的能領受到嗎？

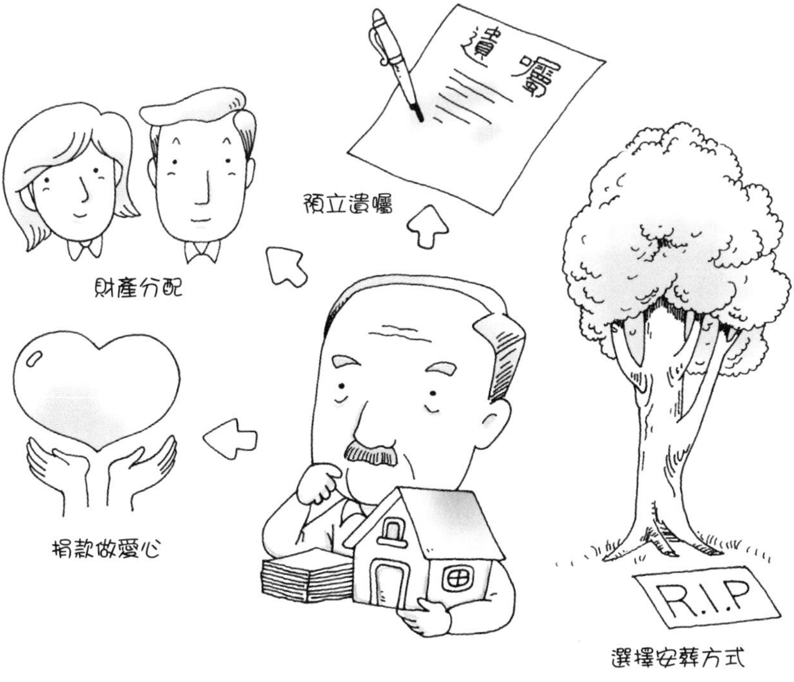

在腦袋還清楚的時候，就決定好自我歸去的方法，對自己及子女來說，都是最心安及省事的安排。

如此勞民傷財只能說誇張有餘、恭敬不足，少了莊嚴肅穆的哀慟之心。更有甚者，明明生前是作惡多端的頑劣之輩，因械鬥或誤殺身亡的地方人士，長者送來的輓聯居然是痛失英才、英年早逝的荒謬用語，可見有些喪禮考量的是生者的面子，而不是死者的入土為安。

中國人的風水之說，認為往生者安葬地點的好壞，足以影響家人和後代子孫的福禍，因此有財力的便竭盡所能請高手尋找風水寶地，最好是能讓家族運勢永遠興旺、讓高官厚祿世代綿延，若不巧剛好是有多房男丁的大戶人家，因為墓地方位庇佑的力道各有強弱，於是便堅持不准下葬，導致死者無法入土的聽聞不少。

殊不知俗話說：富不過三代，可見風水龍穴也是有循環的時候，否則市井小民豈不永無出頭之日？再富貴的豪門巨富若子孫不賢，不過徒留宅第供遊人觀賞，簪纓之家若子孫不才，也只是先人留名而已，那有永不更替的帝王將相、富貴豪門？由此看來，走的人自己坦然無愧、家人心安理得，便是塵緣最好的歸屬了。

國家圖書館出版品預行編目資料

做個不麻煩的老人／梁瓊白著. -- 初版. -- 臺北市 : 原水文化出版 : 家庭傳媒城邦分公司發行, 2018.08
面； 公分. --（悅讀健康系列 ; 143）

ISBN 978-986-96153-7-2（平裝）

1. 人生哲學 2. 生活指導

191.9 107010918

悅讀健康系列 143

做個不麻煩的老人

作　　者／梁瓊白
企畫選書／林小鈴
責任編輯／潘玉女

行銷企畫／林明慧
行銷經理／王維君
業務經理／羅越華
總 編 輯／林小鈴
發 行 人／何飛鵬
出　　版／原水文化
台北市民生東路二段141號8樓
電話：02-25007008　傳真：02-25027676
E-mail：H2O@cite.com.tw　部落格：http://citeh2o.pixnet.net
發　　行／英屬蓋曼群島商家庭傳媒股份有限公司城邦分公司
台北市中山區民生東路二段 141 號 11 樓
書虫客服服務專線：02-25007718・02-25007719
24 小時傳真服務：02-25001990・02-25001991
服務時間：週一至週五09:30-12:00・13:30-17:00
郵撥帳號：19863813　戶名：書虫股份有限公司
讀者服務信箱 email：service@readingclub.com.tw
香港發行所／城邦（香港）出版集團有限公司
地址：香港灣仔駱克道 193 號東超商業中心 1 樓
Email：hkcite@biznetvigator.com
電話：(852)25086231　傳真：(852) 25789337
馬新發行所／城邦（馬新）出版集團
41, Jalan Radin Anum, Bandar Baru Sri Petaling,
57000 Kuala Lumpur, Malaysia.
電話：(603) 90578822　傳真：(603) 90576622
電郵：cite@cite.com.my

美術設計／劉麗雪
內頁排版／游淑萍
內頁插畫／黃建中
製版印刷／卡樂彩色製版印刷有限公司
初　　版／2018年8月14日
定　　價／320元

城邦讀書花園
www.cite.com.tw

ISBN 978-986-96153-7-2